读客® 为孩子健康成长而读书！

能让孩子获益一生的礼物，

是尽早把自己培养成完美的妈妈！

为孩子健康成长而读书！系列工具书 06

这样跟孩子定规矩

孩子最不会抵触

〔美〕乔治·M.卡帕卡 著
叶小芳 译

北京联合出版公司
Beijing United Publishing Co.,Ltd.

图书在版编目（CIP）数据

这样跟孩子定规矩，孩子最不会抵触 / (美) 卡帕卡著；叶小芳译. — 北京：北京联合出版公司，2016.4（2020.11重印）

（为孩子健康成长而读书！系列工具书）

ISBN 978-7-5502-7493-8

Ⅰ.①这… Ⅱ.①卡… ②叶… Ⅲ.①儿童教育－家庭教育 Ⅳ.①G78

中国版本图书馆CIP数据核字(2016)第070527号

这样跟孩子定规矩，孩子最不会抵触

作者：[美]乔治·M.卡帕卡

译者：叶小芳

责任编辑：昝亚会　夏应鹏

选题策划：读客文化　021-33608311

特邀编辑：杜丽君　曹君　李爽　章喆

封面设计：杨佰顺　杨贵妮

插画师：莫晓娟

版式设计：陈宇婕

责任校对：绳刚　曹振民

北京联合出版公司出版

（北京市西城区德外大街83号楼9层　100088）

三河市龙大印装有限公司印刷　新华书店经销

2016年5月第1版　2020年11月第24次印刷

字数93千字　680毫米×990毫米　1/16　9印张

ISBN 978-7-5502-7493-8

定价：24.90元

如有印刷、装订质量问题，

请致电 010-87681002（免费更换，邮寄到付）

“这本书为家长提供了一份全面应对‘倔孩子’的最佳方案。书中有大量案例，通俗易懂，强烈推荐！”

——亚瑟·霍恩（Arthur Horne），博士，美国佐治亚大学教育学院咨询与人类发展服务学系前研究讲座教授

“谁不想不费吹灰之力就把孩子教好？这本书专为极不听话孩子的家长定制，也适用于所有跟孩子打交道的人。任何苦于不知道怎么纠正孩子不当行为的人，都要看看这本书。”

——罗纳德·布朗（Ronald T. Brown），博士，美国心理学会资深会员，公共卫生学教授、心理学教授、儿科学教授、精神病学教授、行为科学教授，美国坦普尔大学健康专业学院现任主任

“这本书实在太棒了！对家长来说，它将会是珍贵的育儿宝典。卡帕卡的这本书，不枯燥、又实用，吸纳了最新的育儿理念和最实用的育儿案例，它将帮助所有家长解决他们的心病，它将成为我最重要的参考书籍。”

——詹姆斯·布雷（James H. Bray），博士，《再婚头十年：爱情、婚姻与育儿》一书的作者

“非常优秀的书籍！简单、明了、操作性强，而且有很多实用的建议及方案。我真诚地向心理学家、心理健康从业者、家长及研究领域的人们推荐此书。”

——玛格丽特·阿瓦利兹（Margaret Alvarez），纽约波莫纳大脑行为中心心理学博士

“育儿从来没有什么标准答案，但卡帕卡这本书却是放之四海而皆准。这本书简单易懂、脉络清晰，适用于每位家长，教育工作者也能从中受到很大启发。最重要的是，作者还教家长怎么维护家庭关系，这一点对每个家庭都很有用！”

——马特·安哥拉·卡尔松（Matt Englar-Carlson），博士，加州州立大学富乐顿分校咨询专业副教授

“对于被孩子闹得苦不堪言的家长来说，这绝对是一本必读书目。卡帕卡在书中列出了科学、具体的方法，辅以容易理解的心理学理论，对家长们非常实用，可以用来解决所有的育儿问题！我特别喜欢书中的实例，同时也被作者实事求是的方法所折服。这可谓是一本上乘之作，是文字表达与实用性兼得的书籍，因此我强烈推荐！”

——史蒂芬·威斯特（Stephen R. Wester），博士，威斯康星大学教育心理学系副教授

“卡帕卡创作的这本育儿指南，它简单易读、实用性强，条理清晰，切中要点，为家长及治疗专家等提供了非常可行的解决方案。”

——马克·史蒂文斯（Mark Stevens），哲学博士，美国心理学会第51分部会长，加州州立大学北岭分校校园咨询服务处主任

目录

前言

说了五六遍，孩子就是听不进去

史蒂夫，6岁，活泼好动。每当妈妈要他收拾好玩具，或关掉电视，或告诉他饭前要洗手时，他总是跟没听到一样。“战争”就这样上演了：先是不听不做，接着是又哭又闹，最后则是哇哇大叫。今天下午三点半，妈妈要赶在银行四点关门之前去处理一些事务。时间很紧，可是史蒂夫还在房间地板上玩积木呢。妈妈感到事情可能不太顺利。她走进史蒂夫的房间，催促道：“史蒂夫，把积木收起来，我们得出门了！”

“一会儿就好，妈妈！”

妈妈见儿子答应了，就离开房间，穿好鞋子。过了两三分钟，她又回到了房间里，看见史蒂夫还在玩积木。她又催道：“乖！别玩啦，妈妈正赶时间呢！”

“我还想把这个塔盖好嘛！”

没等儿子应声，妈妈又离开了他的房间。她拿上钱包、购物单，隔着房间冲儿子喊道：“史蒂夫，你弄好了没？”

史蒂夫没有回应。妈妈继续收拾着出门要带的东西。她回自己的卧室拿了车钥匙，又喊道：“史蒂夫，听见妈妈的话没？”

他仍没有任何动静。妈妈可真是耐不住性子了，她最清楚这个了——接下来他会反抗，尖叫、哭闹，或许还会使用“武力”。妈妈又在卧室里叫道：“史蒂夫，好了没？”

“就好了！”

妈妈再也压不住心中的怒火了。她知道，如果不把积木收起来，他们前脚出门，狗狗后脚就会把积木弄得乱七八糟，甚至可能啃积木。而如果她现在与史蒂夫展开“斗争”，又会误了去银行的事。想着想着，妈妈心里憋不住气了：“这孩子，怎么老是不听话？就知道惹我生气！”这回她猛地冲进房间，怒吼道：“没听见我说话吗？快点收拾你那些破玩意儿，马上！”

“不，我才不要！”

妈妈怒火冲天，忍不住想：“竟然连亲骨肉都不听我的话！如果我这样跟我爸妈顶嘴，我早就找个地缝儿钻进去了！”已经三点四十五分了，妈妈觉得束手无策了，于是她恐吓道：“史蒂夫，你再玩的话，我就把它们统统扔进垃圾桶！我说到做到！快点收起来！”

史蒂夫还在堆着积木。妈妈跑出去拿了件外套，她一边穿外套，一边冲进了房间，看到史蒂夫还在玩，这下她气得脸都绿了，大声尖叫：“真是见鬼了！没听见我说要把它们都扔出去吗？我说到做到！快点收起来！”

“我才不管呢！”

妈妈冲了过来，猛地拽住史蒂夫的手，把他从积木堆中拉出来。史蒂夫手上来不及放下的积木呼呼地飞了出去，哐哐当当撒了一地。史蒂夫哭了起来，开始大叫："别管我！""我讨厌你！"妈妈在他背上狠狠地掴了一巴掌，让他赶紧去穿衣服。史蒂夫坐在地上，边哭边朝妈妈扔积木。妈妈只好蹲下身子，自己拾起积木来，还嘟囔着："真是气死人了，以后你小孩也这样对你，让你尝尝这滋味！"

这种情景是不是很熟悉？那么，妈妈对待史蒂夫的方式有什么不对劲儿吗？史蒂夫为什么不听妈妈的话呢？有什么"妙招"能让史蒂夫更听话呢？简简单单的三个问题其实牵扯了很多因素，包括史蒂夫的基本性格、行为习惯，以及妈妈的行为方式。

很多家长都想当然地认为长幼有序，所以孩子就应当乖乖遵守家长定的规矩，必须按照家长的要求去做。然而，孩子可不吃这一套。甚至可以说，正是因为家长有这种心理，孩子才更不听话，更喜欢跟家长对着干了。上面的例子不就是个明证吗？妈妈越责问，孩子就越抵触，反抗也就越激烈。所以，要想让孩子遵守规矩，家长应该给孩子更明确的理由，而绝非"我是家长，我说了算"式的命令。

孩子每次跟你对着干，都是有原因的。但仅仅明白这些原因，还远远改变不了孩子的行为，你需要有一套完整的、有效的策略。

当然，你也应该学着控制自己的情绪，保持冷静。这样你才能更有效、更成功地教育孩子，才会轻松、彻底地解决与孩子的矛盾，孩子才会服服帖帖、遵守规矩。

在学习书中的技巧之前，你得清楚自己想从中学到些什么、想解决什么问题。不过你得知道：世界上并不存在让犟小孩瞬间变成乖小孩的“特效药”——让孩子变得懂事不是梦，但需要你的努力与投入。

还有，你千万不能对本书持以观望的态度，更不要有“我先试试看吧，看看管不管用再说”的想法，如果这样的话，那非常可惜，你将会收效甚微。书中的方法行之有效，并经过数年的研究与临床实践得以证实。所以，你必须对书中的方法有足够的信心，去切实改变自己的育儿方式，并持之以恒，才能见到效果。在实施书中的方法时，如果你有任何一丝犹豫，都会被孩子察觉，从而影响方法的有效性。

本书将整个过程划分成简单易行的步骤，每条法则只要一两周就能被你熟练运用。只要你肯花时间和心思，孩子一定会有令你惊喜的进步。

临床医师们在教育叛逆的孩子时，总会遵循鲁瑟·巴克利[①]设计的方案。经过实践，我发现这个方案的有些方法很管用，而有些方法却需要根据情况加以修正。如果你的孩子只是偶尔“没规没距”，那么巴克利的书及其与克莉丝汀·本顿合著的《亲子成长8步法:怎样教育不听话的孩子》（1998）可能就足以让你受用。但如果你觉得孩子总是把你的话当耳旁风，那你就需要更有力的解决方法，即本书的方案。

这个新方案完成之时，我就开展了一系列的研究以验证其效果。该方案是以科学心理学原理为基础，以大量的实践和科学数据

① 鲁瑟·巴克利：美国著名教育专家，畅销育儿手册《管理ADHD》一书的作者。

作后盾，它的每一条法则都已得以验证，其研究结果可在专业文献中查询。实验表明，**书中的每一条法则都能使孩子的问题行为发生率降低25%～65%**。如果你综合运用多条法则，那孩子的行为将会有更大进步。

书中介绍了九条法则，它们彼此独立却又相互联系，每一条法则都是针对孩子经常表现出的某种特定的问题。这九条法则需要你逐步掌握，在进行下一条法则之前，你必须已对前一条法则应用自如。我的建议是，**你每一两周只需尝试一条法则。这样，你和孩子才能有足够的时间适应这条法则。**

第1～6条法则的顺序是精心设置的，它们能帮助你逐渐熟悉这些育儿方法。所以，请不要随意打乱顺序。打乱顺序或许可以在短时间内见效，但从长远来看还是得不偿失的。如果你依次完成了前6条法则的学习，那第7，8，9条法则的顺序就可以随你安排了。

每条法则后面都附有一张检核单，它能时刻提醒你不偏离该条法则。你可以在尝试一条法则前，先制作一份检核单，并把它贴在显眼的地方，这样可以帮你牢记每一条法则的细节之处。你记住得越多，成功的可能性也就越大。

那么，这些检核单要贴哪儿呢？如果你的孩子还不会认字，那你可以把它们贴在冰箱门之类的显眼地方。这样，你会经常看见它们，它们也会提醒你这一周内需要注意的事项。而如果你的孩子已经能读书识字了，那你就要把检核单贴在一个隐蔽点的地方（比方说你卧室门的背后），保证你自己可以经常看见，但孩子看不见。

你可能会问：“我该不该告诉孩子，我正在实行一项新的育儿计划呢？”一般说来，我不大赞成告诉孩子。没有必要向孩子说得太清楚，你自己心知肚明就行了，让行动为你说话。需要你事先向孩子声明时，书中会明确标出。

如果孩子发现了检核单，并问你这是怎么回事，你该怎么办呢？这时，你无须撒谎，实话告诉他就行，但不必告诉孩子过多的细节，你可以这样说："我正在实行一项计划，它能帮助我们更好地相处。"不要让孩子觉得这项计划是对他的束缚，否则孩子会产生叛逆心理并对这项计划有所抵触。

心急吃不了热豆腐，所以请不要跳过第1章、第2章，否则将不会达到预期的效果。这两章将帮你了解育儿过程中的一些基本原理。打下了这些基础之后，你才能受益更深，你和孩子定的规矩才会更管用。

那么，开始新的征程吧！

第1章　跟孩子定规矩时，孩子为什么这么抵触？

明明跟孩子定好了规矩，为什么孩子总是不遵守？前言的例子中，史蒂夫先是答应妈妈说马上收拾玩具，但后来却和妈妈产生了激烈的冲突。这其中牵扯了众多因素，部分是史蒂夫自身的原因，还有一部分是妈妈的原因。

孩子为什么会冲动?

某些性格因素（尤其是“易冲动”）很可能引发孩子的问题行为。孩子如果反应过快、做事不经思考，那么他就更容易和家人产生冲突。事情的发展不如己愿时，人们心中就会滋生逆反情绪。有些人善于进行思考、分析，进而选择最理想的解决方案。而易冲动的人则很少去思考自己的行为会带来什么样的后果，就快速作出决定。这通常会产生负面影响，引发沮丧、生气等消极反应。

易冲动的原因有很多，最主要的是由于大脑额叶不够活跃。这种不足最显著的表现是导致心理混乱，如注意力不足或多动症。不过，并不是易冲动的孩子就一定会心理混乱。

冲动会阻碍人们汲取经验。那些能控制情绪、三思而后行的人，在特定情况下面临选择时，会用足够的时间回忆以前类似的情形，并从中吸取经验教训。再次面临类似的问题时，他们就会选择以前最令人满意的方案，或者说，至少不会选择那些通常会导致消极后果的行为。

然而，易冲动的人，则不会深入思考每一个情形，不会回想先前的经历，因而更可能一而再再而三地作出错误的选择。请记住重要的一点：**易冲动的孩子需要不断在不同的后果中锤炼，最终才能学会控制情绪**。

事先做好准备，应对孩子才不费劲

要弄懂史蒂夫的行为，还需考虑其他因素，其中一个因素就是，妈妈正赶时间。在妈妈看来，史蒂夫已占了上风，因为不管史蒂夫听不听话，她都得出门。这就使她自己感到力不从心，无法控制局面。

面对艰难的任务，我们应事先做好心理准备，把自己调整到最佳状态。我们可以事先思考多种可能的方案，这样我们才能灵活应对不同的结果，不至于惊慌失措。久而久之，我们就能习惯成自然，灵活控制自己的情绪。

在与“麻烦人”打交道前，我们也要做好准备。例如，即将面试时，绝大多数人会事先在心里演练几次，特别是在这个面试非常重要、难度非常高的情况下。

仔细分析情况就能使我们保持冷静，这是因为，这样我们就会做好准备，事情就不会那么猝不及防。如果准备不充分，我们就会乱了阵脚。例如，当有人在你毫无防备时刁难你，那你内心的消极情绪就会波涛澎湃，顿时变得紧张、躁动。

那么，面对一个对你说的话总有抵触心理的孩子，你如何变得胸有成竹、游刃有余呢？答案就在于，你要清楚自己想要什么结果，明白孩子为什么会有这种反应，并为所有可能会发生的结果做好准备，这样你就不会被孩子弄得措手不及。

学会尊重孩子的个性

别人经常问我，育儿的目标是什么？怎样最快最好地实现这个目标？答案显然有很多种。但在我看来，**教育孩子的目标就是促进孩子的成长与发展，并为孩子以后踏入社会做好准备**。

其中，“促进孩子的成长与发展”是指，为孩子提供良好的环境，满足孩子物质、情感及教育方面的需求。通过给孩子提供一个安定的环境，关注孩子的健康与营养，鼓励并监督孩子的学习情况，为孩子提供一些认知方面的挑战与激励，促进孩子的成长，这样，孩子在物质和教育方面的需求才会被满足。至于情感上的需求，它虽然难以捉摸，却非常重要。它包括给孩子提供自由舒适的环境，给予关爱、理解与尊重，以及家长应给予的自由空间，这样，孩子才能形成自己独特的个性。即使与家长的个性不一样，或与家长所期盼的那种个性不太相同，家长也不应遏制这种发展。

☺ 合理引导孩子，倔劲儿也能换来成功

例1：

玛茜是个年仅20岁的少妇，时不时就来进行心理咨询。她说丈夫专横无礼，常常虐待、压制她，并将她使唤得团团转。丈夫的朋友们到家里来玩时，她不得不伺候他们，还要忍受他们的粗俗无礼。等他们吃饱喝足拍拍屁股走人后，她就得收拾家里的烂摊子。而玛茜的老板也欺压她，隔三岔五就要她加班，还克扣加班费，分派一些根本不是她分内的工作。咨询师帮助玛茜认识到，并不是别人说什么她就得做什么，她是一个独立的人，可以按照自己的意愿行事，也可以对别人加以管制。

有几次，玛茜的妈妈也在场。当听到玛茜讲述她的一些经历时，妈妈却说道："她脾气非常倔，以前我们老得打着她她才听话，为什么在别人面前，她就不像在我们面前时那么倔呢？"一天，在咨询期间，玛茜小声地对妈妈说："妈，是不是你把我所有的倔劲儿都打没了？"

例2：

乔，32岁，离异，无业。有过两次婚姻，每一次离婚都是妻子先提出来的，说是再也无法与他相处。乔有个6岁的儿子，不过他很少与儿子联系，因为他的前妻将他告上法庭，要求增加抚养费。乔气得再也不想与他们有任何瓜葛。

乔的朋友很少，他常与身边的人发生争吵，当他无法"为所欲为"时，他就会跟别人起冲突。他总被打得鼻青脸肿。乔从没在一个工作岗位上待够过一年，用他自己的话说就是："老板要是开始使唤我，我就对他毫不客气，然后走人。"乔也承认自己不知被炒过多少次鱿鱼了。

乔与家人的联系也非常少。因为一些矛盾，他的亲兄弟也跟他断了来往。乔自己也不与父母联系，他说："从小，他们就使唤我做这做那，想支配我的生活，这都让我无法容忍。"

例3：

丹尼斯是个商人，35岁，他开办了一家贺年片制作公司，规模不大却也生意红火。五年前，丹尼斯突发奇想，他认为即使大型贺年片制作公司也没有瞄准专业市场，也没有生产满足医生、律师、教师等专业人士特定需求的贺年片。当他开始起家时，丹尼斯的亲朋好友都不看好这件事。但出人意料，经过艰难困苦与坚持不懈的努力后，丹尼斯成功了。虽然并不富有，但他的事业还算顺利。他为自己的愿望得以实现而感到非常自豪。

在他所在的社区中，丹尼斯也备受尊重。两年前，他发现小镇上的水源受到了该区一家制药厂排放的危害性化学物质的污染。尽管刚开始并没人对他的投诉作出响应，但他并没有放弃，他继续联系社区组织、环保团体及媒体，该制药厂最终改善了过滤系统。现在小镇上的供水非常安全。

丹尼斯已为人父，有两个孩子。妻子非常欣赏他的韧性与勇气，她这样评价丹尼斯："我们从小就认识，他就是有那股劲儿。一旦决定做什么，就没人拦得了。如果事情进展得不顺利，他也跟别人一样会非常伤心。"她说，尽管他很倔强，却也热情、仁厚，富有同情心。

这三个人有什么共同点呢？很明显的一点就是，打孩提起，他们就都是性格倔强的人。然而，随着年龄的增长，这种倔强的趋势却朝着不同的方向发展：玛茜的要强与倔强早已消退；乔的叛逆持续到了成年期，这使他无法拥有稳定的生活；而对于丹尼斯，这股倔劲儿却是他的财富，他能够好好利用它，实现个人的成功，并赢得了人们的敬重。

同样是倔强的人，为什么长大后会有如此大的差异呢？一个最重要的原因是他们的倔强在成长中的转变方式不同。玛茜的倔劲儿被压制得无影无踪，从而使她觉得不值得为自己争取什么，也不用花心思去改变什么；而乔的倔强持续到了成年期，致使他缺乏正确的判断力，总是一意孤行，从而给他的工作和生活带来了危害。丹尼斯似乎是另一种“倔”——意志坚韧，富有毅力。当事情关系重大，他能坚持自我；而无关紧要时，他能以其敏锐的判断力，避免一意孤行。因此，他既固执顽强，又善良温和。

作为家长，我们该怎样引导孩子的性格发展呢？“倔”对一个人来说可能是一种前进的财富。然而，如果不能作出合理的判断，那“倔”就成了一意孤行，只会损人又不利己。作为家长，我们当然不希望孩子变得像玛茜一样软弱，我们也不希望孩子长大之后像乔一样顽固而又孤独。我们只会希望孩子们像丹尼斯一样保持自己的意志力和坚忍不拔的精神，通过正确的判断力使这种倔劲儿发挥最好的效用。那我们该怎么做呢？关键就在于家长要对孩子抱有合理的期望。

☺ 什么是合理的期望？

迈克带着8岁的儿子，来到咨询中心进行治疗。他说儿子小迈克根本不听他的话。事实上，爸爸对小迈克非常生气，他说：“当儿子冲我说‘不，我才不要’‘你不要强迫我’时，我真想揍他一顿。”

在治疗阶段，迈克承认他无法忍受儿子这样的反抗，认为这是对自己权威的公然挑衅。他认为，小迈克才8岁，就质疑爸爸所说的话，这是不应该的。迈克认为：“儿子必须听我的话，因为我说了算。我从来不会去顶撞我的爸爸，否则就会招来一顿暴打。我觉得还是自己太心软了，不然他不敢这样对我。”

这个例子再平常不过了。它反映了普遍存在的两种误区：第一，家长盲目地认为孩子必须服从自己；第二，家长把孩子的叛逆看作是对家长权威的挑战。

如果从玛茜、乔及丹尼斯这三者中选择，绝大多数家长都会选择丹尼斯作为孩子的榜样。一方面，家长期待孩子盲目地接受他们所说的每句话；另一方面，他们也希望孩子能自发地培养出某些优秀的品质，并具备成年人一样坚强的意志。不过，这两者本身却是相互矛盾的。如果孩子盲目地接受家长所说的一切，他绝不会成为一个独立思考、坚忍不拔的人。不屈不挠的精神与独断专行的性格是从人生早期开始的，如果受到压制，将不会得到发展。

☺ 怎样培养合理的期望值？

我们都希望孩子成长为健康幸福、适应力强、意志坚定的人；希望他们学会为自己的未来着想，作出明智的决定。但我们必须意识到，实现这些目标应该从孩子出生那一刻就开始。孩子的快乐、适应力与意志力的程度，与我们的教育方法密切相关。**如果每当孩子表达自己的想法时你都要反驳、斥责他，那孩子长大后终将不会快乐，只会觉得自己很糟糕，缺乏自信心，**长大后就会和玛茜一样。但这也不是劝您放任孩子的行为。如果孩子固执己见、不学好，很可能会变得像乔一样。那么，我们该怎么拿捏这个度，帮助孩子像丹尼斯一样成长呢？

诀窍就在于要注重孩子的行为，而不是态度。换句话说，不要指望孩子会一味盲从你的“一言堂”。尽管这样会让你的日子过得更轻松自在些，但很可能会使孩子成长为消极、没主见的人。**你应该允许甚至欢迎孩子能对你的要求或命令提出质疑，而不应该把这看作是对家长权威的挑战。**

你要知道，孩子还不会区分什么时候能随心所欲、什么时候不能。如果你想要孩子变得自信、坚强，必须从小就培养。不能封了孩子的嘴，也不能因为孩子有抵触情绪、提反对意见而惩罚他。

你得知道，孩子的行为远比他的言语重要（但如果孩子在言语上或行为上表现得过激，那你就要立即采取行动。具体方法见第50页）。如果他仅仅只是显得不愿意，但仍选择了正确的做法，那就不要数落他或惩罚他。如果他坚决不照规矩做，那么你就好好利用该做法产生的后果来教育孩子，让他从中学习经验，教育孩子以后遇到类似事情时作出正确的选择。

请记住，和孩子定规矩的目的不是遏制孩子的天性，也不是打击他的信心，而是鼓励他努力照正确的做法去做，同时也让他知道“一意孤行”与“见机行事”这两者之间的区别。你也要明白，你要让孩子自己决定是否遵守你们之间定的规矩。这样，孩子就逐渐学会控制自己的行为和情绪；毕竟，你希望孩子是因为明晓事理而遵守规矩，而不是因为害怕惩罚而遵守规矩。

如果孩子实在不听话，这并不代表你很失败——只有对孩子实施了错误的奖罚时，才能说是“失败”。你可以事先与孩子一起制定具体、恰当的奖罚细则，这样就能引导孩子作出正确的选择、学会思考与判断，从而减轻你的育儿负担。这种方法非常重要，即使你没有具体的育儿方案，只需牢记这一点，也能大大调整你对孩子的期望值，改善你和孩子的关系，孩子也会因此变得幸福快乐、更能适应社会。

容易引发孩子问题行为的6因素

孩子做错事时，通常有很多诱因。家长的态度与心理预期，以及家庭的内部冲突、外界压力等6因素，都会引发孩子的问题行为。

1.心理预期："他是故意的！"

对"难缠"的孩子，家长动不动就是打骂，所以虐童事件时有发生。研究表明：男孩比女孩更容易遭到体罚，特别是调皮的男孩子；被家长认为倔强、叛逆、爱捣蛋的孩子也容易受到体罚。很显然，并不是每个孩子都有遭受体罚的经历。那么，被体罚的孩子与未被体罚的孩子，他们的家长有什么不一样呢?

研究表明，产生体罚的一个重要因素就是，家长觉得孩子是故意惹事的，认为孩子明知应该怎么做，却故意跟家长对着干。据我所知，很多家长都有这种想法。当孩子对他们说"我不去做！"或"我讨厌你！"这样的话时，就会进一步加深家长的这种想法。不过，这种想法其实是错误的，因为它只会让家长更生气。

孩子生气时容易冲动，一冲动就会用最不费劲儿的"招数"达到目的。他们很可能会"故技重演"，用过去最管用的招儿得到他们想要的结果，哪怕这一招错了。许多著名行为心理学家曾指出，行为的结果会直接决定这种行为是否会再次上演。所以，如果孩子的"招数"让他达到了目的，那他更有可能会故技重施；而如果家长没有妥协，那孩子下次就不大可能再用这一招了。

联想的力量也非同小可。如果孩子经常借助某种行为达到自己的目的，哪怕这种行为有一两次不管用，他也不会轻易放弃。当你大惑不解，不明白孩子为什么总这样做时，请回想一下：这种行为以前给他带来了什么？是不是他因此而如愿以偿？当孩子对你软硬不吃时，你是不是一生气就听之任之？如果是这样，那孩子很有可能已经知道，只有让你对他心灰意冷，他才能得到自己想要的，即使他要为此又哭又闹。回想一下史蒂夫和妈妈的例子：他拒绝收拾积木，最终还是妈妈自己收拾了。孩子的潜意识里会因此记住什么？下次再发生这种事的时候，孩子可能会怎样做？

孩子们总会变着招来达到他们的目的。例如，一个孩子被家长处罚时，即使这项处罚很恰当、很合理，那孩子开始时也可能会哭喊、跟家长顶嘴。如果没一招管用，那孩子最终会乖乖就范。不过，如果家长被孩子的哭闹弄得心烦意乱，想图个清静（或心软了）而取消了处罚，那以后孩子被处罚时，他将会“故技重演”。等到那时，很多家长都以为孩子是成心的，其实孩子只是抓住了父母的心思。惹家长生气只不过是孩子实现自己愿望的“副产品”，并非最终目标。只要这招管用，孩子就会屡试不爽。

2.心理准备不充分

那么，如何才能预知事情发展呢？首先，你要牢记，孩子并不是“成心”气你，你也不可以为了让孩子听话而不择手段，这样，你就能更冷静、更客观地看待整件事情了（详见下一章，第14页）。

教育孩子时，你的首要任务是合理执行奖罚后果（包括积极后果和消极后果），意识到这一点之后，你就能想出许多好点子。本书第2条定规矩法则会重点讲述怎样执行后果（第35页）。现在你只需要知道，即使孩子不听话，你也不能乱了阵脚。每次出现问题时，都是一个绝佳的教育机会，而不是一定要分出个胜负的“战争”。

作为家长，你应该能预料到孩子在什么情况下会出现抵触情绪。下面这些情况最容易让孩子有意见：当孩子玩得正开心，却突然被你叫去做其他事情时；当你不让孩子看电视或玩电子游戏时；当他被迫做他极不情愿做的事（如收拾房间或做作业）时；或者当他在做某件事情的时候，被要求干另外一件事时（如前文史蒂夫的例子）。对这些情况要做到心里有数，这样你才能使你对孩子的行为有所准备。

别怕孩子不听你的话，只要多给自己一些时间、一点耐心就可以了。也不要吓唬孩子，这一招起不了什么作用（就像史蒂夫的妈妈吓唬他，要把玩具统统扔进垃圾桶一样）。你应该事先想出一些可执行且恰当的惩罚措施，以在孩子不听话时“出招”（详见第35页）。如果每次你只是吓唬吓唬他，却从没有实际行动，久而久之，孩子就不会拿你的话当真，你就会在孩子心中失去威信。

3.家庭冲突的错误解决

家庭冲突、亲友关系及重大压力的出现，常常会触动孩子出现诸多问题行为。家庭成员教育方法的不一致经常会引发家长之间的争吵。尤其当孩子不听话时，夫妻间的争吵就更容易发生：双方都觉得自己说得对，总想纠正对方的想法。

这种事情很普遍，在大多数家庭里都会发生。只要双方不在孩子面前表现出这些分歧，而是以一种想共同教育好孩子的态度对待这些不一致的意见，那么这种“不一致”甚至会引发一种好结果。而在有些家庭，这些分歧却使家长双方“大动干戈”，甚至当着孩子的面争吵，那么孩子的自尊心就会受到很大伤害。当孩子听到家长双方因他做的事而相互斥责时，他会觉得非常难过。

4.夫妻双方没有齐心协力

有些家庭中，意见的分歧会致使一方压制另一方，进而取代弱势一方的意见。那么孩子就会知道父母的教育意见不一致，这就会让他趁机“离间”父母双方。在这样的情况下，如果家长双方继续争执不下，孩子的行为通常就会变本加厉。这往往也会撕开婚姻中无法弥补的裂痕，因为弱势一方会觉得被强势一方所压制，从而产生抵触心理。如果你正处在这样的困境中，我强烈建议你，请你试着心平气和地与你的爱人沟通，解决双方的分歧，停止在孩子面前发生冲突。如果自己无法解决，那我力劝你进行恰当的咨询。

5.外界压力带来的负面氛围

很多孩子都受到家庭环境的无形压抑，绝大多数家庭都遭受经济、亲戚等方面的压力，但在某些家庭中，这些问题却让家人之间互相仇恨。这些冲突会让孩子产生消极、敌对的态度和行为。通过预先准备，我再次奉劝你与你的爱人一起化解这些冲突，双方面对面的交谈或寻求专业咨询都有利于缓解冲突。如果忽视这些矛盾，那么在解决孩子的问题行为上，你就不会有所突破。

6.家长没能合理规划孩子的生活

家长越能合理地安排孩子的家庭生活，孩子的日常生活越协调、越有规律、越明晰，他就越不容易发脾气。小孩发脾气，大多是因为某件事出乎他们的预料，使他们毫无心理准备，如马上准备出门去银行或商店（就像前文例子中的史蒂夫）；或让他们停止正玩得高兴的事，开始做另一件事等。一般说来，如果你能使孩子的生活环境更和谐，孩子能知道什么时间要做什么，他就会越听话，因为合理的规划使他有时间为将要做的事做好心理准备。你可以在家里制定日程安排，规定起床时间、吃饭时间、做作业时间、自由玩耍时间、睡觉时间，这都对孩子很有好处。本书下面的章节将教你如何执行这些细节。

孩子的情绪反应主要取决于家长的心理状态及家长对孩子负面情绪的应对能力。在学习定规矩的9项法则前，我先介绍几种使家长保持冷静，处理好沮丧和愤怒情绪的方式。

第2章 了解情绪反应的过程，才能正确看待孩子的抵触行为

审判过后，双方律师从法庭走了出来。原告律师史密斯先生走近被告律师琼斯先生，说道："很抱歉，刚刚在法庭上我没控制住自己的情绪，不知道怎么着就那么大声。祝贺你打赢了这个案子。不过我还是感到有些意外，事实本来对我们是有利的。"琼斯回答说："的确如此，我的朋友。不过，保持冷静的一方才能大局在握。"

在前一章的例子中，8岁的儿子与爸爸迈克顶嘴，迈克对此非常生气。其实当孩子做错事或挑战家长的权威时，几乎每个家长都会愤怒，会产生挫败感、沮丧感，不能理智地思考。而保持冷静的一方通常能大局在握。也就是说，孩子惹急你时，你一定要冷静。具体该怎么做呢？

首先，你需要知道怒气是怎样产生的。这样你才能学会控制怒气。下面的这个例子，经常被用来阐明当我们遭受能激起强烈反应时所经历的生理和心理上的变化过程。虽然这个例子和教育孩子没有直接关系，但它描述的过程类似于家长常常经历的心理过程，尤其是与一个又哭又闹的孩子"交战"时。每当我们受到威胁时，不管是因为一件事还是一个人，我们都会体会到相似的反应。

情绪反应的过程

> 一个人要穿过一条宽阔的马路，马路上车来车往。他向两边看了看，等到两边车辆都很少的时候，开始穿过马路。他急冲过去，就在快到马路中间的时候，突然听见一阵响亮刺耳的鸣笛声。他一扭头，看见一辆十八轮大货车快速向他驶来。他大喊“哦，天哪！”，并以最快的速度飞奔到了马路对面，站定后，他擦了擦额前的汗珠，松了口气：“这家伙，开得太近了吧！”

这个例子中，这个人产生了什么情绪呢？是惊吓。惊吓与愤怒有什么关系呢？其实，一个人经历惊吓的过程恰巧与愤怒相似。接下来，我将由内而外解释例子中这个人的经历，然后将它类推到愤怒的情形上。

☺ 刺激因子

上例中，当这个人在马路中间突然听到货车鸣笛声时，惊吓反应由此产生。鸣笛声可以看作是惊吓反应的触发剂，科学术语叫“刺激因子”。刺激因子并不是人为所能控制的。它说来就来，当它发生了，你只能面对它。现在，或许有人会指出，例子中的这种刺激至少有一部分是由于这个人的粗心大意、横穿马路造成的。但现在我们只关注一点：惊吓反应的第一阶段就是刺激因子，至于惊吓产生的原因，我们暂不考虑。

☺ 阐释

当这个人一遇到刺激因子（货车鸣笛声）时，就立即作出反应并快速逃离，是这样吗？不完全是。在他听到鸣笛声和做出让路的动作这段时间内，发生了好几件事情。不过这些事情都是瞬间发生，几乎是自发的。

在听到货车鸣笛声之后，这个人首先会去弄明白那是什么声音。他迅速搜寻记忆，判断这种声音可能会是什么，然后仔细看看到底发生了什么。当他看到货车，采取行动之前，他的大脑就已经很快为他阐释了所发生的事情。否则，即使他听到了鸣笛声，看到了货车，也可能意识不到这是个危险。

再看看，假设他从人行天桥过马路，而不是恰巧在马路正中间，情况又会是怎样的呢？在那种情况下，如果这个人正在天桥中间时听到了货车的鸣笛声，他只会瞧一瞧这种声音是从哪儿来的，但他很快会意识到自己在天桥上，是安全的，并不需要逃离。这一点就是说，在采取任何行动之前，你必须先阐释这种刺激因子。这个过程非常迅速，几乎快得让你意识不到，但它确实发生了，否则你就不会知道如何应对这种刺激。在上面的例子中，这个过程很明显，因为这个人大喊“哦，天哪！”很多人在那时候的反应可能会更大。不管怎么说，惊吓反应的第二阶段是阐释刺激因子。

☺ 生理激发

通过对当时情形的阐释，这种刺激因子被鉴定为“需采取行动的刺激因子”（如给货车让路），你必须采取最有效的方式行动。你的交感神经系统已被激活，它又反过来使你的肢体进入一种紧迫的激发状态，以使你发挥最大的能力去执行动作。这种生理激发包括血压升高、心跳加快、血液流动加快、汗液生成（以调节肌肉组织中加速的新陈代谢）、瞳孔扩大、呼吸加快（给血液充氧）。

身体当时所做的一切反应都是为了增加力量和敏捷度。上文例子中，给货车让路最关键的是速度，所以身体被激发为“迅速穿过马路”的状态。例子中，当他到达马路对面时，擦了擦额头上的汗珠，说明他身体内部快速发生了生理变化。所以，反应的第三阶段是生理激发，目的是为行动做好准备。事实上，第二阶段的阐释和第三阶段的生理激发就是大家知道的“攻击——逃离”反应，因为人必须立即决定，是要对抗危险还是逃离危险。

☺ 行动

例子中的人既然知道了要怎么做，而且机体也做好了准备，那么接下来他就要执行他所选择的应答方式：给货车让路。当他执行这个动作时，他是全身心专注于此的。他必须快速、高效地执行动作，没改变主意的机会。因此，反应的第四阶段是实际行动，专业术语叫“机体应答”。

☺ 心理准备

实际上，在反应过程中还应该包括另两个阶段。

第一，要考虑到，他在踏上马路之前就已经知道，道路拥挤，必须加倍小心。他的思想已经准备好了要迅速行动，他的机体也已经保持在一种轻微激发的状态。

第二，如果这个人是在一条宁静的、车辆稀疏的乡间道路上，而非在拥挤的四车道公路上被一辆十八轮大货车惊吓，他的反应也会稍稍有所不同。他将不会有所准备，对刺激因子的反应也会滞后许多。因此，事先的心理准备才是情绪反应的真正初始阶段。

☺ 后期影响

也要考虑整个情境的各种影响，及它们将如何影响一个人在将来类似情形下的行为。例子中这个人的最后反应是舒了一口气

（“这家伙，开得太近了吧！”），意识到他的行为有效地应对了刺激因子。如果他再次发现自己处于这种情形之中，非得过这种马路时，他就会倍加小心了。但过马路时他也知道，即使再受到货车的惊吓，他也能应付得了。

如果情况稍稍有所不同呢？假如当他快速让路时，突然腿抽筋了，几乎是死里逃生，货车与他擦身而过，那会是怎样？如果发生这种意外，这个人或许就会产生心理阴影，甚至再也不愿过那条马路。但如果实在是迫不得已要过那条马路，那他的预期（或心理准备）就会带有更强烈的激发与担心，可能在车还没到眼前就已经很害怕了。因此，当我们谈论情绪反应，实际必须考虑六个阶段：心理准备、刺激因子、阐释、生理激发、行动和后期影响。

提醒一下，这里提到的不是特指“恐惧”情绪，而是情绪反应。因为任何情绪（特别是消极情绪，如愤怒、沮丧、生气）反应都伴有以上六个阶段的发生。这是人类情绪反应的通用模式，适用于许多情况。

易怒型家长的情绪反应过程

家长最常有的情绪就是，自己小孩哭闹时所引起的愤怒和沮丧。以前言中史蒂夫和妈妈的情况为例，我们来了解一下妈妈的反应。

☺ 心理准备

一开始，妈妈就已经料到会和儿子上演一场“战争”，她也很反感这种相处方式。以前和儿子有过多次冲突，所以她一开始就觉得：“接下来准没好事。待会他估计又得大闹一场。唉，什么时候才有个头儿？”因而，在情绪反应的第一阶段，妈妈就已经进入将要与儿子“开战”的状态之中了。

此外，她作为家长的挫败情绪也进一步加重了她消极的思维定式。她觉得自己管不好儿子，因而内心有股小火。这种想法反过来又影响了她对待孩子的方式。每当孩子闹情绪，就再次暗示着她很失败。很多家长都这样，孩子可能让你觉得很无奈，你可能也因孩子不听话而恼怒。对史蒂夫的妈妈来说，在她叫史蒂夫收拾玩具之前，她就已经觉得自己会对儿子发脾气，即使儿子的行为实际上并没有太过分。

由于妈妈的肢体语言、语气、话语向儿子发出了“妈妈已经忍无可忍”的信号，那么史蒂夫就开始有了同样的感受，他的反应就可能被逐渐紧张的情绪激化，从而作出消极的反应。所以，**家长越是焦躁、恼怒地面对孩子，孩子的抵触情绪就越强烈，越想“以其人之道，还治其人之身”**。这样，一场“交战”就难以避免了。

☺ 刺激因子

这场“战争”的刺激因子表面看来是史蒂夫的抵触情绪。但如果你仔细观察例子中事情的来龙去脉，你会发现史蒂夫开始时还是挺乖的，他虽然不想把积木收起来，但他并没说不收。他最后虽然确实没把积木收起来，但开始时他的行为并非十分抵触。因此，从妈妈的角度来看，刺激因子其实是不立刻听话而非抵触。

☺ 阐释

在妈妈看来，史蒂夫又在闹情绪了，她也料到了这一点，因而她认为儿子的反应完全在预料之中。这样的理解只会使情况进一步恶化，因为从这一刻开始，史蒂夫的每个行为都进一步证实了这个预想。仅一句简短的回答“好的，妈妈”或其他任何行为都会被妈妈认为是“战争”即将开始的又一个征兆。然而她的理解并不完全正确，反而不必要地激化了她的情绪反应，使她的怒气不断攀升。

☺ **生理激发**

伴随怒气而来的就是生理激发。史蒂夫妈妈血压升高，心跳加快，呼吸急促，肾上腺激素的分泌量急剧增加，这都使得她“备战而发”。当人处于这种激发状态时，他在生理和心理上都已准备大动干戈了。随着这种状态继续发展，他会越来越难冷静下来。妈妈就已经进入这种预备状态了，一丁点的不如意就会促成一场爆发。

☺ **行动**

那么接下来的事情就不足为奇了：妈妈以身体上（“猛拽史蒂夫”）及言语上（“对史蒂夫大吼大叫”）的攻击行为来应对史蒂夫的不服从，加之她那一脸愤怒，史蒂夫当然也就意识到妈妈生气了，于是也不由自主地更加抵触。这样，事情就越来越糟，双方情绪就越来越激动，最终演变成了一场“战争”。从此时开始，冲突进一步加剧，史蒂夫也就失控了。

☺ **影响**

尽管事情的结果没有直接讲出，但你也可以猜个八九不离十：史蒂夫又会被妈妈骂了，加上妈妈说的那些伤人的话，他的自信心就会备受打击。即使冷静之后，他也会在潜意识里思考自己是不是真的那么差劲儿。

同样，妈妈也产生了消极心理。冲突正如她所预料的那样发生了，这进一步加重了她的挫败感，因而将来她可能会更快进入“备战”状态。冷静下来后，当她想到自己对史蒂夫说的那些话时，她也会心生愧疚，怪自己生气时变得那么不理智，并后悔说了那些伤害孩子的话。在她看来，整件事再次向她证明了她没办法管好儿子，儿子根本拿她的话不当一回事儿。

沉着型家长的情绪反应过程

怎么才能打破这种变本加厉的局面呢？在情绪反应的每一阶段中，你都可以改变自己的应对方式，让自己保持头脑冷静、思维清晰。一点一滴的改变，就能让你感觉到自己的进步，并逐渐成为教导有方的家长。

☺ **心理准备**

和孩子沟通时，一定不要一开始就进入“备战”状态，否则，一场“战争”真的就很难避免。相反，你得这样想：情况只是“有可能”会激化，而不是“一定”会激化；即便激化了，你也有妙计控制自己的情绪。

为了保持冷静，不至于事后后悔，在与孩子沟通之前，我们可以先做几次深呼吸：缓慢地吸气约四秒钟，让空气填满自己的整个肺部；然后屏住呼吸，持续约一秒钟，再慢慢地吐出所有空气。多做两三次，同时心里暗示自己：“我会保持冷静的。不论他做什么，我都不会发脾气。事情会很好解决，我不能跟一个孩子计较太多。”这样，你就会做好思想准备，你的呼吸和血流速度也会缓慢下来，并带动你的整个身体保持冷静，从而理智地教育孩子。即使孩子最后还是没听你的，你也尽了家长的责任，用不着感到愧疚。

还有，凡事都要提前准备，不要到最后一刻才开始。史蒂夫妈妈眼看出发时间就快到了，才觉得压力重重。如果她提前让史蒂夫做好准备，事情也许就没这么糟。妈妈最后或许还得亲自拾起积木，不过留给她的时间也会更充裕，她的心理压力也不会太大。日复一日，史蒂夫对妈妈吩咐的事所产生的抵触情绪会渐渐减少。还是那句话，作为家长，你最重要的任务是让孩子**学会**遵守规矩，而不是**强逼**孩子遵守规矩。

最后，请记住，孩子的性格倾向，决定着孩子的做事方式。你不能创造这种倾向，但你可以慢慢改变它，使它朝着良好的一面发展，让孩子拥有正确的判断力，教孩子明白自己何时该坚持自我、何时该听别人的意见。

☺ 刺激因子

你无法阻止孩子说一些气话或做一些气人的事，所以这一阶段你无法干预。不过不用担心，在此期间，你也可以做些间接性的改变，即保持心态平和。

☺ 阐释

这一阶段是成功控制怒气的关键。孩子的行为发生时，那一刻你如何阐释这种行为，会在很大程度上决定着你接下来是否会动怒。你越带着强烈的主观性（如“孩子是故意跟我过不去”）去阐释这种行为，你就越可能会大动肝火。

永远别指望孩子能对你定的每个规矩都服从，孩子有抵触情绪是很正常的。所以，你要告知孩子可能的后果来让孩子自己决定该如何做。这样，即使孩子最后依然没听你的，但他也上了宝贵的一课，以后遇到类似的事情时，也不至于一头撞到南墙上。

☺ 生理激发

如果你不再用负面的想法去揣测孩子的行为，那你的肢体语言就自然而然恰当起来了，因为“想法决定行动”——如果你不去主观臆断或夸大孩子的不当行为，就不会那么气急败坏，你自然就能保持镇定了。

而如果孩子确实逼得你气不打一处来，你也不要担心，因为自有办法解决。只要注意体会，每个人都会清楚地觉察到自己“是不是开始生气了”。当你感到自己心跳加快、呼吸急促、血压升高时，就意味着你需要消消气了。这时，你要赶紧离开孩子的视线，到另一个房间或到室外去散散心，或坐或躺，等你平静下来再去教育孩子。当然，如果孩子一个人待着比较危险，那你就要陪着孩子，并试着平复自己的心情。

如果迫于某些原因，你无论如何也抑制不了自己的怒气，也没办法回避孩子，那也不要失去理智。请记住，你和孩子之间的关系是平等的，应该互相尊重对方的意见。

☺ 行动

开始回应孩子时，你要努力保持冷静、从容不迫，千万不要带着主观情绪，也不要翻旧账，而要用恰当的积极后果与消极后果来引导孩子作出选择，让孩子从中汲取经验教训。

动怒时，一定不要说些过分的话，更不要揍孩子，否则，不仅对解决问题毫无帮助，反而会对孩子的心理造成难以磨灭的负面影响。

☺ 影响

冷静一会儿后，你可以试着去理顺事情的来龙去脉：孩子说了什么，而你又是如何对待的？是不是他使你束手无策？如果是，又是为什么呢？这种行为是不是头一次出现？你自己有没有为这种时不时发生的情形做好充分准备呢？你可以针对类似情形制定一种解决方案，以后碰到类似情况时就能轻而易举地解决。

所有人，包括你自己和孩子在内，都会吃一堑长一智。不犯错误，你就不知道哪些方法管用、哪些方法不管用。如果你所做的事情在短期内看不出成效，也不用急，你可以多观察一段时间，或者想想是不是还有改进的空间。

本章小结

后面的章节是一套系统的方案，它将帮你轻松解决孩子的问题行为。不过要记住，你得循序渐进地实施每一条法则；而仅仅采用其中一两条法则是没有多大成效的。

还要再啰唆一句：跟孩子发生冲突时，不要总追问“孩子究竟是怎么了”，而要想想“我应该做些什么”。如果你能坚持以这种观点看问题，那家庭生活将会非常和睦，孩子也将会成为一个幸福快乐的人。

第3章　定规矩法则1：面对面说话，小家伙才听你的

定规矩的9条法则简单易行，不过也要花时间去学习、操作。同样，孩子也需要时间去适应你全新的教育方式。只要循序渐进，你和孩子之间的关系就能大大改善。

第1周：定规矩要简单、具体

计划开始第1周，你需要学习两点：

1.如何跟孩子定规矩；

2.如果孩子遵守规矩，你该怎么做。

开始时，你可以给孩子定一些他通常难遵守的规矩。这些规矩应该简单、具体、直接，如“把玩具收起来”“去洗洗手”或“把电视关掉”等。不要用“把房间收拾一下”“写作业”等需要多个动作才能完成的任务。

这一招通常都会管用。但当遇到脾气倔的孩子时（如前文中的史蒂夫），你应该停下手头的事，直接去和孩子交谈，而不是像史蒂夫妈妈一样边忙其他事边叫史蒂夫收拾玩具。

先让孩子看着你，孩子才会听你的

跟孩子定的规矩要想有效，需要注意三个要点：**提醒孩子看着你，告诉孩子怎么做，站在旁边看结果。**

1.提醒孩子看着你

跟孩子说话时，你不仅不能分神，还要学会吸引孩子的注意力。在史蒂夫的例子中，妈妈跟史蒂夫说话的同时，自己却在忙活其他事，在房间里进进出出的，根本不知道史蒂夫有没有按她的话做。其实，这是一个常见的错误，你可以通过“吸引孩子的注意力”来改正。

吸引孩子的注意力，最简单的一个办法就是叫孩子的名字。不过，这可不是隔着墙叫一声就行，而是要和孩子产生眼神交流：离孩子近一点，再叫他的名字，或者让他来你的房间，或者你直接去孩子的房间。即使你和孩子不在同一个房间，但叫他开开门或开开窗看着你，也能让孩子更按你的要求去做。如果孩子不理你，那你可以对孩子说：“看着我。”或者走到他跟前，看着他的眼睛，再提出你的要求。一定要这么做，否则，无眼神交流的命令，无疑会减少孩子听话的可能性。

这其中有着怎样的奥秘呢？两个人之间进行眼神交流时，就会有一种约定感，说起话来也更有说服力。眼神交流还有另外一个好处：如果孩子正玩得起劲，他可能根本没注意到你在跟他说话，而跟孩子进行眼神交流则可以让他暂停手上的事，认真听你说话。

史蒂夫的例子中，妈妈多次在另一个房间冲他说话。这就似乎表明，让儿子听话，这件事本身并不那么重要。史蒂夫当然也意识到了这一点，所以直觉告诉他，他可以再磨蹭一会儿。如果这时妈妈看着史蒂夫的眼睛说话，那史蒂夫就会明白妈妈是认真的，要好好听妈妈说话，这就能让他的注意力集中起来，更快速地完成妈妈交给他的任务。

2.告诉孩子怎么做

一旦和孩子有了眼神交流，你就可以告诉孩子应该怎么做了。每位家长与孩子交流的方式都不同。不过，有几个万能小贴士，它们适合所有家长，可以让孩子更听你的话。

①要有眼神交流

跟孩子说话时，一定要直视孩子的眼睛。

②态度要尊重，口气要坚定

说话时的态度尤为关键，因为你的态度很难掩饰，很容易就会被对方觉察到。在生活中，你可能会更喜欢身边那些对你尊重或亲切的人，而那些压制你、动不动就对你冷嘲热讽的人，无疑最遭你反感。

我开讲座时，经常听到家长难过地说：孩子不尊重自己。然而，许多家长在跟孩子说话时都用一种居高临下、愤怒、挖苦的语气。即使不是故意的，孩子也能敏锐地察觉到，这会给孩子一种心理压力，让孩子也以同样的语气与家长对话。

有的家长在没招时，会用哀求的口气跟孩子说话，比如“你能帮我……吗？”这些家长可能还不太明白为什么孩子还是不听。因为孩子只会从字面去理解这句话，觉得“这个忙可帮可不帮”，而很显然，你并非是要表达这种意思。

有时，家长也会这样说：“你可以……吗？”这也不是一个好方式，因为孩子很容易用一个“不”字把你拒之门外。对孩子来说，说“不”是件轻松、不费力的活。因此，**和孩子说话时，注意不要用容易被他拒绝的方式，而要用引起他注意力的方式直接表达你的意思；不要采用询问的方式，而要以尊重的态度、坚定的口吻直接**

告诉他应该怎么做，然后保持眼神交流，让他做一件具体的事，如“请马上开始收拾玩具”。

③非语言交流要严肃、沉稳

这里的非语言交流，主要是指你的姿势、手势、表情、语气及语速、音量等。一般说来，你可以背着手站在孩子面前，表情要严肃、正经，语气要坚决（声音稍高，但并不是吼叫）、沉稳、慎重。

孩子越小，他对语言的理解能力和反应能力就越有限，所以你就越要通过非语言交流传达出威严的态度。有研究表明：给婴儿观看同一个人不同面部表情的照片或视频，婴儿们能准确无误地辨认出每一种情绪，并作出相应的回应（如果是笑脸，他们就会笑；是苦瓜脸，他们就哭；如果是发怒的表情，他们则会回避）。而且，这种试验在不同种族婴儿身上的测试结果都完全相同。

越小的孩子，对你的语言信息回应得越少，对你的非语言信息回应得就越多。孩子越来越大的时候，他才会注重语言信息，但同时也会察觉你的非语言信息。如果你的话语表达了一种意思（如“我希望你听话”），而非语言信息却传达了另外一种信息（如“这到底管不管用啊”），那么孩子立即就会意识到你的踌躇不定，从而对你说的话更有抵触心理。

在此出现了一个困境：你的非语言交流一方面反映了你的真实感情，很难“装模作样”，一方面你又必须努力做出一副坚决果断的样子。那么，你应该怎么办呢？你可以暗自给自己打气，保持冷静，并期待孩子乖乖听话。这种信息会通过你的非语言交流传达给孩子，并让孩子意识到你绝不是随便说说。

另外，在和孩子说话时，你要避免让他产生一种强迫感，否则气氛可能会瞬间紧张起来，甚至会让孩子跟你大吵一架。当然，如果你已经很努力、很克制，孩子还没认真听你说话，那你可以稍稍给孩子一点压力，比如双手扶着他的肩头，再蹲下来和孩子说话。

④不要争执不休

孩子如果想跟你讨价还价，你不必向孩子过多解释他为什么要遵守规矩。通常来说，你只需给孩子一个简明扼要的理由即可（如“因为到了吃饭时间了”或“因为我们要出门了”），不要重复规矩的内容。如果孩子还缠着你，你只需说：“刚刚不是已经给你说过了吗？”不用过多理会孩子的闹腾。你要明白，你可不是在求孩子同意你的要求，也不是在劝孩子相信你的话，否则，你和孩子的关系就不平等了，孩子也会继续闹下去。

⑤一次只讲一件事

吩咐孩子做事时，一定要简单、直接，一次只讲一件事。如果你希望孩子完成几件事，那你可以先让他做第一件，并让他完成以后过来见你；然后再让他做第二件，完成后再来见你，这样进行下去。对孩子来说，做一件事远比做几件事容易得多，他的抵触情绪也不会太严重。而且，如果一次让孩子做好几件事，那他很可能做着做着就被别的东西吸引住了，从而做不完所有事。

⑥让孩子复述你定的规矩

这一点并非必不可少，但如果你的孩子经常注意力不集中，或者你不确定孩子是不是真的明白你说的话，那这一点就会对你大有帮助，因为它能让孩子更遵守你定的规矩。对孩子说完你定的规矩后，如果他说“明白了”，那你可以对他说：“既然你明白了，那就请重复一遍吧。”在孩子重复的时候，你可以纠正他说错的地方，然后坚定地说：“真棒，那现在去做吧。”

3.站在旁边看结果

跟孩子定完规矩后，你不用做任何事，只需站在一旁静静地看着孩子，大约持续15秒，不要走动。给自己计时，从101开始数，在心里默数到115或120。你可能会觉得这一点完全不必要，但其实奇迹往往就是因此发生的：这会给孩子施加一定的压力，促使他完成你的要求。但注意，千万不要大吼大叫，更不要挖苦、逼迫孩子，否则只会激化矛盾。

试想一下，如果有人让你做一件事，你答应之后，他却一直站在旁边盯着你，这时，你会有什么感觉？是不是浑身不自在，很有压力？对孩子来说也是如此，把你的要求告诉孩子之后，你只需站在一旁看着他，这样既不失人性化，还能让孩子更快完成任务。

如果孩子问你为什么要看着他，你可以笑笑不予理会，也可以告诉他这是因为他还没完成你要他做的事，或者说你只是想看着他而已。大多数孩子在这种情况下都会按照规矩做事，虽然他们只是想快点摆脱家长的“纠缠”，但这已经是个好开端。

看着孩子时，如果孩子还没开始按你的要求做，或者一直噘着小嘴说“不”，你也不用说什么。只要孩子发现你并不打算离开，他就会感觉到无形的压力，从而开始服从。一个现实中的典型例子就是：当家长要孩子收拾起玩具时，孩子开始时会说“不，我还没玩够呢！”，不过，当家长继续待在一旁盯着他，尽管他会一脸不情愿，他还是会开始收拾，家长的目的就这样轻而易举地达到了。

孩子表现好，你就夸夸他

如果孩子听了你的话，你一定要马上夸夸他。这样可以让孩子明白他以后也应该这样做。如果孩子最后还是不听话，那你就要立即给予消极后果（详见第39页）。

“夸”含有欣赏和认可的含义，“夸”的方法也有好几种。有口头表扬类型的，如“谢谢你这么快就把玩具收起来了”，“好样的，我说了一遍，你就把电视关了！”。也有肢体语言类型的（如一个微笑，眨一眨眼，或一个拥抱）。如果两种方式综合使用，效果则会更好。考虑到有些孩子并不一定会把你的微笑或拥抱当成赞许他们的方式，所以，最好的夸赞方式是语言方式与非语言方式相结合。注意，**夸赞的话语一定要具体，不要似是而非（“不错”“真棒”），也不要提到一些让孩子不开心的事情（“不过下次，希望不要让我再说两遍”）**。这样，你的意思将会更明确，孩子也会更高兴，他保持这种良好表现的可能性就更高。

不过还要清楚一点，孩子听到你夸他，可能还会觉得不自然，毕竟，他已经习惯了隔三岔五地和你闹上一通，然后挨骂、受罚。表扬对他来说还真有点不习惯，他不明白你怎么突然变得这么好，他甚至会被你这突如其来的“友好”弄得不知所措，一开始还会显得忐忑不安。对此，孩子确实需要适应一段时间。在这段时间里，你应该继续表扬孩子，那么孩子渐渐就会开始盼着你的表扬。

表扬对孩子的影响是日积月累的，你要付出很多努力才能让孩子牢牢记住应该怎么做。通过和孩子的相处，恰当的夸赞会成为你的一个习惯，以后每当孩子听话时，你就会很自然地表达你对他的赞许。

本章小结

规矩要有效，需有三个步骤：提醒孩子看着你，捕捉眼神交流；告诉孩子怎么做（态度要尊重，语气要坚定）；花15秒站在旁边看结果，给孩子施加压力。如果孩子确实照你说的做了，你一定要当场夸夸他。

回顾一下史蒂夫的例子，如果妈妈用了本章中的要点，其结果又会是怎样呢？

史蒂夫正在房间玩积木。妈妈进来了，向史蒂夫走来，语气坚定地说道："史蒂夫，请看着妈妈。"

> 史蒂夫没有理会，还是继续玩他自个儿的。妈妈离他近了一点，严肃地说道："史蒂夫，刚刚叫你看着我。"
>
> 史蒂夫抬起了头。妈妈直视他的眼睛，果断地说道："史蒂夫，请马上收拾你的积木，因为我们现在得出门了。"
>
> 史蒂夫开始闹着脾气说道："我还没有玩够呢！"
>
> 妈妈没有说什么，只是继续站在一旁，盯着史蒂夫。史蒂夫感到不大对劲儿，感到一股压力，便极不情愿地开始收拾积木了。妈妈会心一笑："谢谢你把积木收起来了，妈妈很开心。"

这种方法是你进一步进行家庭教育的根基，后文会继续帮你改善教育方法。而此时此刻，你最好将本章中的方法实行一到两周，等孩子适应你的改变后，再进入下一章的内容。

检核单1

定规矩法则1：面对面说话，小家伙才听你的

期望值要合理

没有哪个孩子能百分百服从你定的规矩。他们动不动就会闹脾气，但只要制定合理的期望值，并掌握定规矩的技巧，你就能更轻松地让孩子听话。

孩子为什么会“我行我素”？

孩子不听话、发脾气，并不是为了惹你生气，他们有以下原因：

- 他们没办法按你说的做；
- 他们不知道具体应该怎么做；
- 他们不知道为什么要听你的话；
- 他们认为不听话就能继续做自己想做的事。

要知道，孩子的目标通常都很直接，他们往往会“不择手段”地达到目标才罢休。

尊重孩子的个性

倔强的孩子长大之后也会意志坚强。坚强的个性是一种财富。家庭教育的目标不是要磨灭孩子坚强的意志，不是要把孩子培养成毫无个性、一味顺从的人，而是要培养孩子拥有正确的判断力。

制定规矩的三步骤

1.提醒孩子看着你

- 叫孩子的名字；
- 眼神交流，近距离发布命令。

2.告诉孩子怎么做

- 与孩子说话时，态度要尊重，语气要坚定。
- 姿势要威严，但不要给孩子过多的强迫感。
- 讲话慎重，意思明确，语气威严，但不可大吼大叫；不要以询问或央求的语气跟孩子说话，而应冷静果断，直接告诉孩子你想要他做什么。
- 每次只说一件你要孩子做的事。如有必要，让孩子完成后回来见你。
- 不要和孩子争辩，也无须过多解释（充其量一个简单的解释即可），也不必和孩子讨价还价。
- 让孩子重复一遍你的要求。（可依情况选做）

3.站在旁边等结果

- 站在一旁，静静地看着孩子，大约持续15秒钟。

如果孩子服从了要求，一定不要忘了表扬孩子哦。

第4章　定规矩法则2：告知可能的后果，孩子就会乖乖听话

如果你严格按照法则1来操作，那你的教育方式一定会有所改善，但仅仅有这一条法则是不够的，它并不是每次都管用。让我们再看一下史蒂夫和妈妈的例子。

给一点“小惩罚”，孩子就明白该怎么做

史蒂夫的例子可谓司空见惯，被认为是家庭教育中发生频率最高的案例之一。史蒂夫妈妈的解决方式并不会使孩子听从，反而会降低孩子服从的可能性，使孩子变本加厉。当孩子不听从命令时，你通常就会重复刚才说的话。而每次重复，孩子都没有听从。反而随着每一次的重复，你的火气却越来越大了。于是就想出吓唬孩子的这一招（“你再不收拾，我将把它们统统扔进垃圾桶！”）。不过孩子知道你只是吓吓他而已，所以孩子不一定会买账。这样，结局不外乎有三种：要么家长以体罚相威胁（或实施体罚）；要么打退堂鼓，“投降”认命了；抑或两者兼用。然而没有一种结果称心如意。

史蒂夫的情况明显就属于这种模式。见史蒂夫迟迟不收起玩具，妈妈就跟他又说了几遍，这样就陷入了第一个循环。随着每一次的重复，妈妈不仅没让孩子乖乖收起玩具，自己反而更生气了。重复得越多，她就越觉得自己拿孩子没办法，而且感觉儿子也越较

劲儿，渐渐他们就陷入了第二个循环（“吓唬孩子”）。

当妈妈吓唬孩子说要扔掉玩具时，很明显她是想使出浑身解数让史蒂夫听话。然而，事实证明，这也是徒劳的。为什么不管用呢？因为孩子的智力还不能正确估量这个后果对他的影响。或许他还小，不知道玩具价格几许，但他知道这些玩具是家长花钱买的，所以他潜意识里知道家长不会把钱给扔掉，否则，家长会心疼的。况且，孩子也知道，妈妈以前也说过这种话，但都只是说说而已。

结果这一招也没用，妈妈这时已经焦头烂额，于是她就想用“武力”强迫孩子听话。这种方法当然达不到理想的结果，孩子将来也不再拿家长的话当一回事儿，孩子的自尊心也会受到负面影响，他和家长之间的关系也会变得更紧张。

换作是你，你可能会亲自收拾玩具。乍一看，这一招确实不错，因为它不会伤到孩子的自尊心。不过事实上，这也不能让孩子真正学会遵守规矩，也不能对他以后的行为产生积极影响。

那么，如何才能让孩子立刻遵守规矩呢？如果法则1有时不管用，那你也不要着急，你可以使用法则2。

轻松两小步，就让孩子乖乖听话

鲁瑟·巴克利博士认为：如果孩子没听家长的话，家长可以有技巧地重复一遍自己的要求。当然，秘诀就在以下几点。

第1步：遵守定规矩法则1

如果你遵从第1条法则的要诀，将你定的规矩说了一遍，而孩子却没听，那你可以再说一遍，不过一定要在静静地盯着孩子约15秒后才可以。15秒似乎很长，但这段沉默会给孩子造成压力，或许都用不着你再说一遍你的要求了。

第2步：重复上一步

如果你给了孩子15秒，孩子还是不听话，那你可以按法则1再说一遍：再次保持眼神交流，严肃地说"我刚刚说……"，然后站在一旁，静静地看着孩子约15秒钟。基本上就是重复上一步，但这一次你要稍稍大声一点（不可大吼大叫！）说出你的要求，这能让孩子感觉到你是认真的，而且你会一直等到他按你的要求做。

这样，你只要重复一次，就可以摆脱第一轮的恶性循环，也摆脱了越发生气的过程。事情的结果反而会由于你的冷静、理智而发生重大转变。

如果孩子还不听，那你就可以给孩子发出"警告"或"最后通牒"了。

☺ 及时宣布后果，孩子才会当真

这里的"警告"其实是宣布后果。要想让你的警告对孩子有震慑作用，需要掌握两点：①保持冷静；②想一想确实能使用的后果有哪些。这样，当你把后果说出来时，孩子不仅能察觉到你的决心，还将意识到你绝非说说而已。于是，他就会思考哪种做法更好，并作出更明智的选择。

对小孩子进行体罚，小孩子通常会立刻乖乖听话。很多家长因此就觉得体罚很管用，动不动就打几下，但是，这种方法的负面影响非常大：体罚实际上是以恐吓来教育孩子，孩子对家长的望而生畏会对亲子关系产生严重影响，孩子将不再亲近家长，可能也不再想和家长交谈，甚至会逃避、憎恨家长。挨过打的孩子的自尊心也会很脆弱，会没有安全感，变得郁郁寡欢。况且，通过恐吓得到的顺从也只不过是短暂的，等孩子渐渐长大、有自己的主见了，你还能使出什么招儿？

所以，体罚并不正确。你要选择一项恰当的后果，在孩子违反规矩时，你可以用法则1的方式将这些后果告诉他：捕获眼神交流，然后说“如果你还不……那可就……”，接着站在一旁，静静地看着孩子大约15秒钟。

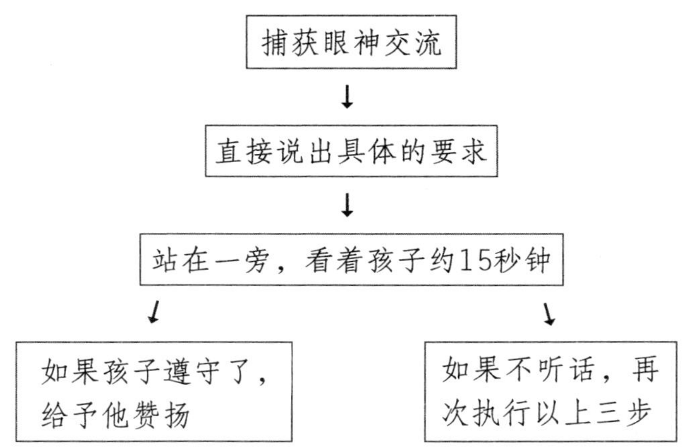

首先，按照第1条法则做：

- 站在孩子能看见的地方；
- 叫孩子的名字，让他看着你；
- 直接说出具体的要求，态度要坚决，如“请马上开始收拾”，“把你的外套放在衣柜里”或“马上关掉电视”；

如果孩子遵守了，给予他（言语或非言语的）赞扬。如果不听话：

- 保持眼神交流；

- 再次叫孩子的名字，让他看着你；
- 干净利落地说道："我说让你马上开始收拾""我刚刚说让你把外套放在衣柜里"或"我说立马关掉电视"。

如果孩子听话，给予他（言语或非言语的）赞扬。如果不听，立刻给予警告：

- 保持眼神交流；
- 再叫一遍孩子的名字，让他看着你；
- 干净利落地说道："如果你再不捡起来，我会亲自替你收拾，然后将它们没收，你就再也别想玩了"，"如果你还不收起你的外套，你就不能玩电子游戏了"或"你再不关掉电视，我会亲自关掉，不过今天你也不准看电视了。"

如果孩子听话，给予他（言语或非言语的）赞扬。如果不听，直接执行你宣布的惩罚措施。

☺ 执行后果不迟疑，孩子下次才知道怎么做

在给予警告之后，如果孩子仍不听从，你就要直接兑现后果。不要迟疑，立即兑现。记住，兑现后果越及时，效果越明显，孩子越能从中吸取教训，也越能将行为和相应的后果联系起来。兑现后果应该保持冷静，态度要坚决、果断。有些后果无法立即兑现（如让孩子提前半小时上床睡觉），这时你也要立刻宣布后果，然后在恰当的时间再实施。不过，切记不要用极端手段恐吓孩子，否则只是白费力气。

你可以使用这些后果：

没收玩具一天或几天；

今天不许再看电视；

今天不许再玩电子游戏；
提前半小时上床睡觉；
今天不能吃零食。

如果是很小的孩子，你可以用“面壁思过”作为后果：把孩子放到椅子上或沙发上，或者房间的一角，让他在那儿待两分钟左右。时间一到，让孩子离开面壁思过的地点，并立即让他完成你之前定的规矩。如果他再次拒绝，继续让他面壁思过，就这样反反复复，直到孩子听从为止。这个过程对于2～5岁的孩子效果最为明显。对于这个年龄的孩子，这是让他听话的最好办法了（当然，需要与书中其他的步骤相结合）。

对于六七岁的孩子，你也可以采取这种方式。不过，你也可以用其他方法警告他，如剥夺玩具或不让他做某件他最喜欢做的事。对8～10岁的孩子而言，面壁思过这种方法就不太合理了。

很多家长抱怨说，孩子太皮了，试过各种惩罚，但都没什么效果。据我观察，几乎每个孩子对惩罚都很在意，但如果家长说话不算数，没有立即执行后果，孩子就不能从中吸取教训；如果孩子做了同样的错事，家长定的惩罚后果却不一样，那孩子就会犯迷糊，从而不会当回事。

有些惩罚后果实施了三四次，下一次孩子可能仍然不会立即按你的要求做。这并不意味着后果不起作用，而是因为有些孩子可能需要更长的时间才能吸取教训。只要坚持足够长的时间，后果就能立刻有效。

请记住，你的目的不是不惜代价让孩子学会遵守规矩，而是根据孩子的行为，执行正确的积极后果和消极后果，并让孩子从中吸取经验，纠正自己的不当行为。

你在警告时没有提到的惩罚，就尽量不要执行，也不要夸大惩罚吓唬孩子。否则，不仅不会让孩子听话，反而会激怒孩子，淡漠亲子关系。此外，还有两点需要注意：

1.孩子“回心转意”，那也不能心软

如果你已经开始实施惩罚，比如，你已经把孩子抱到墙角了，孩子说“我错了，我现在就去把电视关掉”，但你也不能放他去，你要告诉他：“现在已经晚了。但下一次，要乖乖照我说的做。”说完，你要继续执行已定的惩罚，不能心软。

2.只要孩子听话，就要表扬他

这是至关重要的一点：如果孩子中途变了主意，按你的要求去做了，那你要记得夸夸他。不管孩子是在最开始服从要求，还是到最后一刻才服从要求，你的表扬都要一样热烈。

如前文所言，称赞孩子的时候，要避免模棱两可的说法，也不要提到孩子不好的行为，如：“你干得非常好，但是我第一次说时你怎么就不听呢？”“非得到最后你才听。”称赞是一件高兴的事，你的言语、肢体动作都要让孩子感到高兴才对。

本章小结

如果史蒂夫的妈妈按第1，2条法则的方法来做，情况将是怎样的呢？

史蒂夫正在堆积木，妈妈走进了房间。她向史蒂夫走来，说道：“史蒂夫，请看着妈妈。”

史蒂夫抬起了头。妈妈直视他的眼睛，语气坚定地说道："史蒂夫，请马上收拾你的积木，我们要出趟门。"

史蒂夫开始耍赖皮了，眉头一皱："但是，我还没有玩够呢！"

妈妈不搭理他，只是站在一旁，盯着史蒂夫。史蒂夫还是只顾着玩积木。妈妈在心中默数，从101数到120，然后严肃地说："史蒂夫，看着妈妈。"

史蒂夫又抬起了头。妈妈严厉地说："我刚才说，请马上收拾积木。"

"但是，妈妈，我想把这个宝塔堆完嘛！"

妈妈不理会他。只是站在那儿，继续注视他大约15秒钟。时间一到，妈妈这回神情更严肃了："史蒂夫，请看着妈妈。"

史蒂夫抬起头，妈妈厉声道："你再不收拾，我会亲自将它们收拾好，不过本周之内，你都不可以再玩它们了。"

史蒂夫于是开始收拾积木了，但他还在闹别扭，一边收拾一边嘟囔着："我还没堆完呢……太不公平了……"妈妈根本不计较他的话，会心一笑："谢谢你把积木收起来。你真听话，妈妈很开心！"

将这种方案至少运用1～2周，习惯后，再学习下一项法则。

但如果孩子在此过程中跟你大吵大闹，该怎么办？如果孩子只是言语上的不尊重，就不要管；如果孩子跟你动手，那么你可以用你学到的方法应对他。

检核单2

定规矩法则2：给予恰当后果，孩子就会乖乖听话

1.预备

- 保持冷静；
- 总是比孩子抢先一步；
- 减少房间里的干扰。

2.说出要求

a. 提醒孩子看着你：要保持眼神交流；

b. 告诉孩子怎么做：要坚决、尊重、具体，一次只讲一件事；

c. 站在旁边等结果：注视孩子15秒左右。

3.重复你的要求

- 保持冷静，不可大吼大叫；
- 重复a，b，c三步，但“稍稍”提高分贝，态度坚决地说：“我刚才说……”；
- 注意：一次只能说一遍；
- 重复后，站在一旁看着孩子约15秒，并想出一项合理的后果；
- 切记，后果的目的是教孩子从中受益。

4.告知后果

- 保持冷静；不可大吼大叫；
- 重复以上a，b，c三步，并告知孩子应得的后果：“如果你……就会……”然后站在一旁，再看着孩子约15秒。

5.执行后果

- 保持冷静；
- 兑现后果。（如果孩子听了你的话，一定要夸夸他。）

第5章　定规矩法则3：小家伙越闹越凶？就让他独自冷静几分钟

综合使用第1、2条法则之后，你应该已能恰当给孩子施加压力了，你跟孩子说话时也能更具体、更明确。

鉴于你的变化，孩子应该会有所反应。他可能不喜欢你态度的大转弯，因为他现在不得不顶着重压遵守你定的规矩。这可能会让他更容易激动，发脾气也更频繁。为此，你需要准备就绪，即时应对孩子的乱发脾气。

什么是乱发脾气？

有时候，发脾气只是闹着玩或小打小闹，并不需要过多干预。例如，孩子一边嘟囔着“凭什么”，一边还是照你说的去做了，这种轻度的情绪爆发最好不要理会；当孩子生气了，躲进自己的房间，“砰”的一声把门关上，这种情绪爆发最好也别插手；如果孩子生气了，并没有动手打人，只是说些脏话或大叫着“我讨厌你”，这种行为也不必干涉。（详见定规矩法则6）

本书的“发脾气”指的是：在你和孩子发生冲突时，孩子不停地尖叫、号哭，即使你说“别闹了”，孩子也不停下来；孩子发脾气时，可能打你、踢你，甚至扔东西。应对这种类型的闹脾气，家长最好采用本章的法则。

那么，你该如何做呢？最有效的方法莫过于让孩子“面壁思过”。看到这里，你可能就犯嘀咕了：“我又不是没试过，但我的孩子根本不吃这一套。”其实，每项育儿技巧都要依每个家庭的实际情况来进行，而本章中的“面壁思过”法经过了多次实践检验，证明适用于每个家庭。

怎么执行“面壁思过”？

面壁思过是一种有效的小惩罚，它通过把孩子撤离现场，减少环境对孩子的刺激，来让孩子冷静下来。这种方法可以达到两个目的：①能让孩子停下他手头的事情，从而使他看不到刺激物；②能让孩子处在无刺激的环境中，并让他无法做他想做的事情。

1.选择合适的地点

实施“面壁思过”，首先需要选择合适的地点。这个地点必须完全看不到刺激因素，应远离孩子的日常活动（如看电视、玩玩具、与你聊天）地点。很多地方都满足这些条件：如房间角落、过道或楼道上、台阶上、客厅或家庭活动室的椅子或沙发上、洗澡间等。你可以依据你的房间格局和孩子的情况而定，只要远离刺激因素就行。如果选择了房间的一个角落（或一把椅子、一张沙发上），你要确保在孩子面壁思过期间不能看电视、玩玩具，也要确保没人去和他聊天。同时，确保所有的宠物都远离孩子，以防他在面壁思过时同狗猫玩闹起来。

对很多家庭来说，浴室会是个不错的地方。你可以先把浴室里的洗发水、剃须刀、吹风机等都撤掉，只留下肥皂和毛巾，这样，这个房间就很适合作为面壁思过地点。尽管这里可以玩水，不过大多数孩子在面壁思过时仍然会气鼓鼓的，根本没心思玩。

万不得已时，你也可以让孩子在他自己的房间面壁思过。有些时候，尤其对于年龄稍大的孩子，可能这是最好的办法了。这时，请按照以下几点备好房间：第一，把房间里的所有玩具放在另一个房间或孩子看不到的其他地方——如果孩子仍可以随心所欲地玩，这对他绝不是一种惩罚，自然也就不能让他吸取教训。第二，房间内不能有电视或电脑。房间内唯一可以保留的刺激物只有音响设备和孩子的书本（或其他学习用品），因为音乐和书本对孩子（尤其是年龄稍大的孩子）的情绪有镇定作用。

为了将刺激最小化，你不能和孩子一起待在面壁思过地点，否则只会延长你们之间的对峙。孩子在面壁思过时，可能会想着法子让你说话，但你只要留意孩子，不让他受伤就行了，不要和他有过多的眼神交流，不要和他讲话，也不要回答他提的问题。

如果孩子在面壁思过时变得过激，或不愿待在那里，那你就要和他待在一起，对他进行约束（详见51页）。不过要记住，即便如此，你也要避免和他交流。

如果孩子太小，你就要在一边看住他。两三岁的孩子在面壁思过时，可能待不了很长时间。你需要一直看着他，让他适应面壁思过这种惩罚方式，并让他明白你无论如何都会让他完成面壁思过。

2.选择充裕的时间

一旦选好了合适的地点，你就可以实践了。第一次实行面壁思过时，你要做好充分的心理准备，还要腾出大量时间。研究表明：首次面壁思过平均大约花45分钟。所以，你要挑一个清闲的日子，没有来客，没有干扰，将电话线拔掉，准备好时刻关注着孩子，直到处罚结束。

你还要知道一点，在处罚刚开始时，孩子的反应会非常强烈，他会使出浑身解数，试探你会不会真的将处罚进行到底。做好心理准备，千万不要半途而废；否则，孩子会觉得他才是“大赢家”，以后他会继续奋力反抗，并成功破除你的努力。因此，你可以在事情发生前，在心中排练几遍，做好充分的心理准备。第一次实践很可能会糟糕透顶，不过不用灰心，当孩子习惯了你全新的做法，知道了你已能轻而易举地控制他的行为，那么随后的每一次情况都会好转。

特殊情况下的面壁思过方法会稍稍不同，如果孩子发脾气时对你进行肢体攻击，那你的方法也要做出改变（详见50页）。

孩子发脾气时哭个不停，妈妈怎么办？

首先，尽量看着孩子的眼睛，并告诉孩子不许再闹。不要大声呵斥，但语气要坚决，声音要响亮，让孩子听清你的话。然后站在一旁，看着他约15秒。

如果孩子还在闹，你就告诉他后果：“再闹下去，你就得去面壁思过。”说这话时，你也要和孩子保持眼神交流，说完之后，只需站在一旁盯着孩子，约15秒钟。

如果他仍然闹下去，你就要告诉他：“现在你要面壁思过。”尽量让他自己去面壁思过地点；如不得已，则采取强制手段将孩子带到那里。把孩子放在那里之后，严肃地对他说：“没我允许，你不能走开。”倘若孩子仍然又哭又闹，你就要坚定地说：“你越闹，待的时间就越久。”孩子如果想跑开，你就把他拽回来；必要的话，你要再说一遍你的要求。

一旦孩子在面壁思过地点开始冷静下来，你就要开始计时。时长取决于多种因素，主要与孩子的年龄大小和他行为的严重性有关。一般说来，是一岁一分钟，五岁五分钟，七岁七分钟，依此类推。不过，有研究表明，对于年幼的孩子，短一些的时间同样奏效。我通常建议前来咨询的家长：对于五岁或五岁以下的孩子，两分钟就够了；而对于大一点的孩子，你可以根据几岁几分钟的原则来让他面壁思过。

记住，要确保孩子比较冷静了（哭喊几声很正常，只要不是歇斯底里的号叫），才能开始计时。你也可以提醒孩子：如果他中途又闹了起来，则要等他冷静下来时，再重新计时。记得，不要和孩子说话，不要回答他的任何问题。

另外，关于面壁思过的确切时间，你自己清楚就行了，不用告诉孩子。你给孩子传达的信息应该是：家长有权决定他何时开始面壁思过、何时结束面壁思过。这一点表面看来似乎微不足道，但它可以传达出家长的权威性，这在育儿过程中具有重要作用。

☺ 面壁思过之后

一旦孩子的面壁思过到了时间，你就要去问他：“知道我为什么让你待在这儿吗？”（如果孩子不到3岁，你就不用问这个问题了。）依然要冷静地说话，不可大声吼叫或训斥孩子。这样才能让孩子学会反思自己的行为。然后再严肃地告诉他：“你以后再这样闹的话，我都会让你面壁思过。”说完，你就可以让他离开面壁思过地点了。通过这种方式，你能教他明白，以后要学着控制自己的情绪，否则就会陷入麻烦中。

孩子面壁思过之后，你可以让他回到他先前发脾气的活动中去，这样可以给孩子重新作决定的机会，让孩子学到更多。让我们看看下面的例子：

> 杰西卡只有5岁，她正在和一堆洋娃娃玩耍。妈妈想让她收拾收拾，准备吃饭，跟杰西卡说过之后，杰西卡仍然继续玩着。妈妈见状，就走了过来，把洋娃娃收走了。杰西卡眼泪刷刷就掉下来了，大声喊叫着，一个劲儿地打妈妈。妈妈因此要杰西卡去面壁思过。惩罚结束后，如果妈妈不把她放回玩洋娃娃的现场，杰西卡就不会从中吸取教训。而如果杰西卡又被带到洋娃娃面前，她就得再次作出选择，如果她依然不收拾，那她又得再面壁思过一次了。最终她会牢牢记住要收拾玩具，而且不能打妈妈。这样，她就会开始学着控制自己的情绪，学会控制内心的冲动。

不过请记住，如果你在孩子面壁思过之前说过某种惩罚，一定要兑现。比如说，杰西卡的妈妈告诉她，“如果再不收拾，今天就不许再看电视了”，但是杰西卡没在意这句话。接着，妈妈可以亲自把娃娃收拾好，并对杰西卡又说一遍这个惩罚。如果杰西卡开始闹脾气，那么妈妈就要针对她闹脾气这个行为让杰西卡面壁思过。惩罚结束后，妈妈只需兑现她给予的后果（“今天不许看电视”）即可，而不用再让杰西卡收拾玩具，因为杰西卡已经为她不收拾玩具这个行为付出了代价。

让我们回顾一下，针对无攻击行为的脾气发作，面壁思过的步骤包括：让孩子停下手上的活动，告诉孩子一个后果，把孩子送至面壁思过地点。孩子在面壁思过时，必须非常冷静，直到得到你的允许才可离开。重获自由后，孩子可以继续他先前的活动。

☺ **数1，2，3**

针对5岁以下的小孩，可以对面壁思过方案稍加调整。你可以使用“数1，2，3”的方法。当孩子开始发脾气时，你要靠近他，尽量直视他的眼睛，然后语气坚定地说：“我数到3，你必须马上停下来。1……”同时伸出一根指头。继续盯着他，等5秒左右。如果他还闹下去，就数：“2……”并伸出两根指头。继续看着他，再等5秒左右。如果孩子还不停下来，你就说：“3！开始面壁思过。”然后把他带到已定地点。这个方法对于年幼的孩子效果很好，不过前面讲的方法也能起到作用。你可以两种方法都试试，看看哪个效果更好。不过记住，确定使用哪种方法后，要一直使用，不能换来换去。

孩子发脾气时爱打人，妈妈怎么办？

如果孩子发脾气时有暴力倾向，家长该如何是好呢？手段与上一种脾气发作类似，只是不需要跟他说停止，不需要告知后果。孩子有攻击行为（比如，向你扔东西，在房间里乱扔一气，故意毁坏物品，动手用力打你，或坐在地上乱扑腾等）时，家长都应该立即让他面壁思过。只有这样，攻击行为的次数才会降至最低。此外，在处罚的时间上也应该相应调整。通常，5岁以上的孩子，可以按“几岁几分钟”的方法；5岁以下的孩子，出于实用性考虑，可以都按“两分钟”，因为孩子还小，时间观念很弱，长时间的面壁思过并无益处。

☺ 孩子仍然又打又闹，怎么办？

如果孩子没有打你，只不过想提前离开面壁思过地点，那么该怎么办呢？这时，只需把孩子带回面壁思过地点，并告诉他只有经你允许才可离开就行了，你可能需要多次重复这个过程，不过孩子终究还是会接受。

如果孩子不停用手打你、用脚踢你，那怎样才能让他乖乖待在面壁思过地点呢？针对这种情形，你就要对孩子进行限制了：最好将孩子放在常见的靠背椅上，轻轻抓住他的手腕，同时走到他身后，使孩子的胳膊背在身后。孩子刚开始可能会挣扎，不过只要不弄疼他，这对你、对他都很有好处。

这种方式比正面抱住孩子更可取，为什么呢？第一，这让孩子咬不到你、踢不到你、抓不到你，从而使你专心跟孩子说话；第二，这一招很省力，家长轻而易举就能做到；最后，从背面限制孩子可以降低家长的侵略性，减少对孩子情绪的激化。

抓住孩子的时候，你应该温和地对孩子说："如果你停下来，我就放开你。"可以多说几遍。如果孩子已经冷静下来，不再乱扑腾了，那就放开他的手，并告诉他要待在椅子上。同时，你要随时提防着，因为孩子可能再次动手打你。第一次这样做时，你可能要反反复复进行好几个回合，但不要因此就灰心丧气。孩子终究会知道你是不会轻易"投降"的，那么以后他就会减少攻击行为。

当孩子冷静下来时，你就要选择合理的时长，开始计时。

本章小结

这一章的方法会耗费很多时间和精力，不过渐渐地，你就会发现孩子更容易遵守规矩了。久而久之，只要你一给予后果，孩子就会知道，这是让他作出选择的信号。如果孩子有攻击行为，你就不用告知后果，直接让他面壁思过就行了，因为孩子必须自己意识到，一旦闹过头了，他就要马上承担后果。

与前两条法则一样，法则3也需要至少一至两周的实践，等到你能得心应手地运用，并且孩子已经习惯了这种方法，能更快冷静下来的时候，你就可以学习法则4了。它的耗时较长，所以，在此之前，你可以多给自己一段时间练习前三条法则。

检核单3A

定规矩法则3：小家伙越闹越凶？就让他独自冷静几分钟

步骤：

1.告诉孩子停下来

- 告诉孩子停止他的行为。
- 切莫大吼大叫，但要声音洪亮，使孩子能够听清你说话，并把注意力转移到你身上。
- 尽量保持眼神交流。
- 等待约15秒。

2.给予后果

- 告诉孩子，如果他还闹个不停，他就要接受面壁思过的惩罚。
- 语气严肃，并尽量保持眼神交流。
- 等待约15秒。

3.将孩子放在面壁思过地点

- 尽量让孩子自己去面壁思过地点。
- 如有必要，可强行将他带去。
- 语气严肃地对他说："不许闹！没我允许，不能离开。"
- 如有必要，抓住孩子的手，让孩子不能打你。
- 如果孩子跑开，你要重新把他带回来，重复以上的话。
- 一旦他安静点了，你就开始计时，但万万不可告诉孩子你要让他待多久。最低处罚：5岁以下，均为两分钟；5岁以上，遵循"几岁几分钟"的原则。

4.结束后，引导孩子反思

- 走到面壁思过地点问孩子：“知道我为什么把你放在这儿吗？”
- 不要激怒孩子；不可大声训斥或没完没了地说教。只需让他明白自己为什么被要求面壁思过。
- 如果孩子还小，你可以直接告诉他为什么要面壁思过。
- 告诫孩子：“你以后再这样闹，我还会让你面壁思过。”
- 让他回到先前的活动中去。（非常重要）

针对攻击行为，略过第1，2步，直接把孩子带到面壁思过地点就行。

检核单3B

挑选环境

面壁思过的地点必须是“零刺激”环境。最好选用孩子能被孤立起来的地方——没有电视、没有电脑、没有玩具，也没有任何活动。如有必要，对他加以限制（见下），那就和他待在一起，不过要避免与他交谈。

可供选择的地方

- 房间的一角（餐厅、客厅、过道等）。
- 楼梯台阶上。
- 浴室里。
- 客厅里或椅子、沙发上。
- 实在万不得已，用孩子自己的房间作为面壁思过地点（一定要没有电脑、电视或玩具）。
- 对于较小的孩子，可以选用椅子或沙发。同时你要待在孩子的视线之外，但要留意孩子有没有跑开。
- 有些孩子可能需要强制将他待在面壁思过地点（见下），这时，椅子就是很好的选择。

强制措施

- 将孩子放在面壁思过地点。
- 语气严肃地对他说：“坐着不许动，没我允许，你不准离开。”
- 如果他使用暴力，就将他放在一把普通靠背椅上，从身后抓住他的手腕。

- 一定不要待在孩子够得着的地方，防止他打你、踢你或咬你。
- 不停地对孩子说：“如果你停下来，我就放手，不过，你还是要待在这儿。”
- 孩子停下来后，放开他，但告诉他要坐在椅子上。要时刻留意他，如果他再闹腾，你就要马上重新使用强制措施。
- 刚开始用这个方法时，你可能要重复好几遍才能让孩子安静下来，但不要因此就失去“斗志”。要给孩子充足的时间来适应这一规矩。

第6章　定规矩法则4：列个任务单，轻松培养孩子的自觉力

我常常听到家长们的抱怨，其中最常见的就是说孩子不做家务、写作业总拖拖拉拉。为此，这些家长和孩子总是三天两头就闹一次。事实上，有些家长为了不跟孩子起冲突，根本就不分配孩子做任何家务。这些家长们草率地认为，孩子不可能乖乖听话去做家务。而有些家长时不时就和孩子闹一通，还常常给孩子开点“小灶”，如罚站、不让孩子看电视等。而这些惩罚最后通常只是把家长折腾得身心俱疲，孩子却“毫发无损”。

省心的办法当然有，不过需要你做出一些改变。其核心就是，你需要在家里定一套规矩：如果孩子希望做他想做的事，那他就必须承担相应的义务。这种方法即是“约法三章”（又叫“行为契约”）。

设计“约法三章”有很多方式。本书所讲的方式可以让孩子更乐意完成你交给他的任务，所以只要你相信自己，就一定能让这种方法发挥作用。

“约法三章”对你、对每位家长来说，都是一项必不可少的方案，同时也是最有效的教育方法之一。没有了它，家长在处理孩子的问题上，仍会“两败俱伤”。给自己腾出足够时间来掌握这种方法，直到你得心应手之时，再学习后面的内容。这一条法则至少需要两周的时间，千万不要急于求成，而要保持稳定的心态，只有这样，其他法则才会容易实施。

怎么样“约法三章”？

“约法三章”即：根据孩子的表现，给予相应的后果——表现好就奖励，做错事就惩罚。一提到“奖励”，很多家长就坐不住了，他们觉得这是鼓动他们“收买”孩子，实则不然。

☺ 贿赂、奖励的区别

“贿赂”与“奖励”，二者有着本质区别。贿赂，是给予某人某物，引诱他做出不当行为。例如，政客受贿后，就某个问题站在某种立场；公司经理受贿后，为某些人“开后门”等等。显而易见，这是不正确的，因为受贿者实际是在出卖他们的原则，做着他们不该做的事。

而奖励恰恰相反，是一个人付出时间和努力，完成了一个恰当、必需的任务之后，而获得的一种积极后果，例如，能力强的学生被奖以满意的分数，授以嘉奖，获得证书。奖励表示了一种欣赏，它能让人心情愉悦，拥有成就感。

对有些人，成就感能给他们带来愉悦和幸福，是一种最大的奖励。然而，对孩子来说，恐怕还不是这样，首先是因为，这种征服困难后获得的喜悦感，大多只有成年人才会拥有，很少有孩子能表现出这种成熟的行为；其次是因为，小孩几乎对完成一件费时、费力、毫无乐趣的事有着本能的抵触。所以说，指望他们只为获得成就感而去做某事，着实不太现实。

哪怕是成年人，也天天盼着奖励：没有工资或没有前途，会有人去上班吗？只因为完成工作而发了工资，是不是就意味着你受贿了？显然不是。实际上，我们进行绝大多数的日常活动，都是因为我们也在期盼着某种奖励。

☺ 大部分奖励不用花一分钱

通常，当我第一次建议家长适当奖励孩子时，他们都会误以为我在要求他们给孩子买礼物。这种观念其实是大错特错。虽然买个小玩具或给点零花钱这种物质性奖励也可以起到一定作用，不过，大部分奖励都不用花一分钱（详见第61页“特权清单”）——你不必特意买东西给孩子，你完全可以利用日常生活中现有的东西作为奖励。其实就是“以物换物”：当孩子完成了某件事时，你就可以让他获得相应的特权（比如多看几分钟动画片，晚睡一会儿，让爸爸妈妈多陪他一会儿等）。

使用积点、清单，孩子进步一目了然

你可以去买一副扑克当做积点，也可以用其他东西当做积点，不过都要尺寸较大、方便耐用、数量易记、不易丢失。

对很小的孩子来说，他们还没有数目的概念，可能也不明白这些积点的意义所在。那么你需要准备一叠贴纸（最好是让孩子和你一起到商店挑选）、一本不用的书。孩子每获得一张贴纸，就贴在书页上，同一天的贴纸都贴在同一页，这样，你就知道孩子获得了多少贴纸。

☺ 任务清单

接下来，你需要给孩子列一张任务清单，写下你每天想让他完成的任务。重要的一点是：刚开始时，只能布置以天为周期的任务，而不是以几天或一周为周期的任务。

每天的任务应该包括哪些？当然，这完全取决于你自身的需要。不过，在此提出几点建议。开始时布置的任务要简单，一天最多五六个，内容只应包括孩子的日常生活事项，如：早起时不能超过两次催促，自己穿衣，穿戴完毕才可走出卧室，要按时吃早餐，出门上学要趁早，自觉刷牙、洗手（如饭前饭后，早起之后，或晚上睡觉前）等。清单上的每一个任务只需一个简单、特定的行为。

暂且不要涵括任何与在校表现和家庭作业相关的事情，这些内容将在下一法则进行论述；不要涵括如“不许和弟弟吵架”“不得打你妹妹”等棘手之事；也不要列入如“收拾你的房间”等事——你可要知道，家长给“收拾”所下的定义，可能和孩子认知的含义大相径庭；不要包括模棱两可、会引起争端的事情。如果你确实想让孩子做打扫房间这类工作，那最好“化整为零”，将这项任务变成单个具体的事情，如“整理床铺”“地面无杂物”“衣服都放在衣柜里”“脏衣服放进洗衣篮”“把书都摆在书架（或梳妆台）上”。切记，每一项任务必须是一个简单、特定的行为。准确地描述每一种行为，那么，孩子就不会犯迷糊：“妈妈到底想让我做什么呢？”开始时的这些任务必须简单，便于考查与监督，这样才能大大减少你和孩子之间的“口水战”。

同时，还要确保你列的清单符合孩子的年龄水平。对还没学会认字的孩子，你需要每天把清单上的每条任务念给他听。任务量也要适合孩子，确保孩子每天都能完成清单上的任务。

列好了清单，接下来就要给每项任务分配积点（以扑克牌或贴纸计算）。开始时，每项最简单、花时间最少的任务都按一个积点计算。以它作为参照，对比其他任务，根据每项任务所花的时间和

“半小时漫画”是一个致力于用漫画普及通识教育的国民级品牌，问世至今已获得数千万中国读者，尤其是中小学生及老师家长的欢迎。

主创陈磊和他的“混知”团队，致力于用漫画这种轻松的形式，把一本正经的教科书变成有趣又有料的漫画科普书，无论是语文、数学、英语、物理、化学，还是历史、经济、生物、地理，所有在上课时搞不明白的知识点和考点，半小时漫画通通帮你在哈哈大笑中轻轻松松搞明白。

认准半小时漫画，专治上课不明白

“半小时漫画”系列现已出版

微信扫一扫关注

半小时漫画创作团队“混知”

专治不明白

精力赋予相应的积点。另外，对孩子最不愿做的事情，赋予最高的积点；对那些经常引起你和孩子争吵的任务也赋予较高的积点。

抽点时间和孩子谈谈心，对他说："从明天起，我会在家弄点好玩的东西。"孩子表示出兴趣后，你再告诉他，"我希望你能每天完成一些任务，完成之后，我会给你一些奖励哦。"孩子当然会满怀欣喜地问："什么奖励呀？"这个时候，最好让孩子自己列出他想要的奖励，记录下来。当然，不要因为孩子列出了不合适的奖励就把他斥责一顿。毕竟，孩子只是照你说的列出来了而已，并不是说你就非得给他这个奖励。不过，你应该让孩子觉得，他也加入了这项新计划，所以，你至少也要考虑一下他的某些合理的愿望。

☺ 特权（奖励）清单

接下来，从孩子的奖励清单中挑出你觉得合适的愿望，再和他一起商讨。大体上要以孩子的基本权利作为奖励，如：看电视，玩电子游戏，玩电脑，骑脚踏车，和朋友一起玩，晚点起床。这些特权要有时间限制，如：看电视不能超过30分钟，玩电脑不能超过15分钟，骑脚踏车出去玩不能超过1个小时，可以晚起15分钟等等。

孩子无疑会列出一些需要花钱购买的东西。这当然也有多种办法可以解决。你可以将这些东西统一作为"抽奖袋"这一项奖励。也可以把孩子带到小商店，让他自己挑选10～15件东西，每一件都不超过三元；然后将这些小玩意放进一个袋子，定期让孩子获得一次抽奖机会。

针对孩子列出的需要花更多钱购买的东西，你可以用这种方式来解决：让孩子攒积点，当积点到达一定数量时，才能换取这个贵东西。记住一点，你一定要经得起孩子的"软磨硬泡"，不要去买你并不想让他获得的东西，或者你买不起的东西。你可以在实施这项计划前，就把每件东西的积点确定下来。切忌在计划实施后，又在心里犯嘀咕，想换成更省事、更便宜的东西。也就是说，你要选定那些你能够给他，也愿意给他的东西，并坚持下来，否则，孩子就会对整个计划丧失信心，并且觉得你不信守承诺。

设置积点值时，一定要宽松些。你可以让孩子每天赚到的积点比花掉的积点多出15～25个。这样就能刺激他开始攒积点，以换取更大的奖励。

下面是一份“约法三章”的范例：

任务：

按时起床	2积点
自己穿衣、穿鞋	1积点
穿戴完毕才走出自己的房间	1积点
早晨7:15之前吃早餐	1积点
7:40之前出门上学	2积点
收拾床铺	2积点
饭前自觉洗手	1积点
早起后及睡觉前刷牙	2积点

奖励：

看电视（一次30分钟）	1积点
玩电子游戏（一次15分钟）	1积点
出去玩（1个小时）	1积点
晚起15分钟	1积点
抽奖袋	9积点

执行计划要坚决，孩子才能配合你

最好从星期一的早晨开始这项计划。这样，你才可以利用周末来做好准备工作，而且通常周一不会有亲友来串门。这也能在新的一周给孩子带来新鲜感。

让孩子自己保存他赚得的积点。每当他完成一项任务，你就立刻给他相应的积点。同样，每当他想获得某项特权（奖励）时，他也必须用相应的积点来跟你交换。

给孩子积点时，一定要及时，否则孩子会渐渐失去信心的。也不要敷衍孩子说“一会儿再给你”，否则孩子就不能将他的行为与后果（“得到积点”）联系起来。

如果任务单上列出的项目包括了孩子房间的内务（如：地面保持干净，床铺整齐，将脏衣服都放进洗衣篮里），那一定要设置一个时间，并告诉孩子你会在这个时间点去检查他的房间，然后针对每一个完成的项目，奖给孩子相应的积点。同一项任务的检查时间必须每天保持一致，这样才能让孩子的生活更有规律，从而会让孩子在不知不觉中就养成遵守规矩的好习惯。

此外，你要始终要求孩子只能用积点来换取奖励清单上的项目。如果孩子心血来潮，想马上拥有清单上的某项特权或奖励，说不定会跟你闹脾气，那你就先用法则3解决闹脾气这件事，再继续实施“约法三章”的计划。

不要提前发给孩子积点。如果孩子想要享受清单上的某种特权，却没有赚够积点，这就给了你一个大好的教育机会：如果孩子想出去玩，却因为他在一些任务上偷了懒而没赚够积点，这个时候你可就要“见机行事”了，你可以提醒孩子：“如果完成了日常任务，你就可以赚积点了，这样你就能用足够的积点换取出去玩的特权了。”即使孩子有足够的积点但却一时没找到，你也不能破例。只有严格恪守这项原则，你才能向孩子明确传达你的决心。同时，你也要提醒孩子放好自己的东西，这样才能在用的时候轻松找到。

在前面所提到的清单（见第62页）中，大部分积点都是在早晨赚得的。孩子有时可能会将所有积点花个精光，一天下来也没赚一个积点。那你可以有两种解决办法：第一，坚持严格按照清单来，等他第二天再赚积点；第二，要求孩子额外完成一项任务，获得一些积点。第二种方法虽好，但不能经常用。只有这样，孩子才能意识到：他必须老老实实完成清单上的任务，否则无法赚到积点去做他想做的事情。

家长们也向我抱怨说，孩子貌似不在乎被限制了某种活动，甚至对整项计划都嗤之以鼻。当孩子受罚或被约束之后，往往不屑一顾地甩给家长一句话：“我才不在乎呢！”通常，家长们就会怀疑自己的计划能不能坚持下去。其实，孩子自己心里也不好受，他们不能做他们想做的事，但又强忍着不让爸妈知道他们很在乎这一点。他们其实也渴望对爸妈道出心声，他们也想掌控自己的生活，但总想跟爸妈较劲儿，故意让爸妈感到管不了他们。

我们反过来站在孩子的角度看看：如果孩子表现出很在意的态度，那岂不是向你承认“你说了算”吗？所以，通过一句“我才不在乎呢”，孩子就能让家长明白：“你是管不住我的。”因此，不要被表面现象蒙蔽，要坚定自己的立场。等孩子受了两三天约束后，哪怕是最倔强的孩子都会觉得生活太枯燥无味了，那么，他就会开始遵守你的规定。不过，如果孩子的确能待在自己房间里，连续几周不看电视、不玩电脑、不打电话，那他很可能患上了抑郁症，我建议你尽快寻求帮助。

☺ 谁说了算？

针对“约法三章”的实施，最后提几点建议：爸爸妈妈才是唯一负责监管日常事务、分发积点的人。不能由家中其他人来负责这些事，特别是孩子的哥哥姐姐们。

如果请了保姆或亲友照顾孩子，最好不要让他们介入你正在实施的计划中。随着“约法三章”的进行，计划内容会有所扩展。但在目前阶段，你才是唯一的负责人。如果你因事外出，孩子由保姆来看管，那你可以在出门之前，让孩子从你这里换回某些特权，并把一些要点交代给保姆。

☺ 巧妙给孩子零花钱

如果孩子已经能理智地使用零花钱，那你可以让孩子用积点换取零花钱，比如可以一个积点换两元，最多不超过30元。最好告诉孩子，零花钱只能在每周固定的一天兑换。这样也能让孩子学会规划自己每周的开销，还能培养他的理财能力。

☺ 家中有几个孩子？那就同时实行计划

如果你家有多个孩子，那么你可以为每个孩子制订适合他年龄的“约法三章”计划。这可以帮你规划好整个家庭的日常生活，也能减轻你的心理负担。针对每个孩子，你可以让他们用不同颜色的东西当做积点，这样就能防止孩子们因各自积点的数目而发生争吵。

关于“约法三章”中的任务内容，提醒重要的两点：第一，要从简单、日常的事情开始。另外，确保每个孩子分配的任务之间没有关联性。比方说，你分配的任务是一个孩子收拾餐桌，一个洗碗筷，另一个负责放碗筷。但如果某个环节出了岔子，该怎么办？假如该收拾餐桌的那个孩子不收拾，那其他孩子是替他做呢，还是一窝蜂地都不做呢？在这种情况下，你最好将饭后工作都交给一个人做，每人一天，轮流进行。这将在法则6（见第82页）中进一步论述。

☺ 孩子太小或已到青春期，计划可以适当调整

“约法三章”适用于各个年龄段的孩子，但是，针对年幼和青春期的孩子，仍需做出一些调整。如先前指出，对于年幼的孩子，贴纸的效果会比积点的效果更好，可以让孩子用一定数量的贴纸来换取他想要的特权（如看动画片、玩游戏等）。而针对青春期的孩子，也要给予适龄的奖励，如打电话、看电视或听音乐、到朋友家玩。确保每种特权都与清单上的积点一致。那么，对于大一些的青少年，可能就不必用积点了，而是采取“一对一”的交换形式，例如，只有完成了某件事之后才能打电话。

本章小结

用至少两周的时间来实践这项计划：准备好积点（或贴纸）——列出清单——实施计划。每当孩子完成了某项任务，你就要立刻给他积点；每当孩子换取一项特权或奖励，你就要当场收回相应的积点。即时发放或收回积点，是“约法三章”计划成功的先决条件之一。

如果孩子满脸不情愿，但还是完成了清单上的家务，那你也要给予他积点，千万不要因为他的情绪而对他进行惩罚，否则会扫

了孩子获取积点的兴致。你可以采取另一种方式对付孩子的叛逆情绪，例如，你可以让孩子这天不许看电视，但允许他用积点换取清单上的另一种特权。

最后，自始至终要记得：每当孩子完成清单上的一项任务，你都要给予表扬。这可以在精神上鼓励孩子，让他继续保持自己的好行为。

检核单4A

定规矩法则4：列个任务单，轻松培养孩子的自觉力

步骤

1.准备阶段

准备好积点（孩子小的话就用贴纸）。如果同时针对几个孩子实行“约法三章”，要确保每个孩子的积点都不一样。

首先，列出一张任务清单，写下你每天想要孩子完成的任务。开始时，要写每天都要做的有规律的事，最好从小事开始。如：

- 按时起床
- 穿戴整齐才能走出自己的房间
- 每天在规定的时间出门
- 刷牙或洗手（饭前饭后）
- 整理自己的床铺

不要写一些禁止条例（如不许和兄弟姐妹打架）。开始阶段，任务必须简单明确，易于考量、易于执行。

让孩子自己列出奖励清单。不要因孩子列出不恰当的东西就喋喋不休。毕竟，你可以不必同意他所写的。

将基本权利作为奖励。如：

- 看30分钟电视
- 玩15分钟电脑
- 骑车外出1个小时
- 晚起15分钟

写上“抽奖袋”这一项，规定孩子每隔一段时间可用积点兑换一次抽奖机会。抽奖袋里的奖品，最好是你和孩子一起挑选的。

确保孩子每天能赚到的积点比花掉的积点多出一些来。

2.计划执行阶段：不要收回积点，只给予奖励

- 孩子需要自己保管积点（如：放在他房间的一个盒子里）。
- 孩子完成了某项任务，即可获得相应的积点，再以积点换取基本权利（或小礼物）。
- 只有你才有权力分发积点、批准用积点交换特权或奖励。
- 如果孩子很不情愿地完成了清单上的家务，你还是要给他相应的积点。不要因此而没收他的积点。

检核单4B

任务清单

姓名：_______

任务	积点数量

检核单4C

特权（奖励）清单

姓名：______

特权（奖励）	积点数量

第7章 定规矩法则5：7个学习小妙招，小家伙做作业又快又好

注意：如果孩子还没上学或在假期没有作业，你可以先跳过这一章。等孩子开始上学或开学后，再回过头来阅读。

实施“约法三章”的一个最大目的是让孩子意识到：做正确的事就能得到奖励；奖励的大小与努力的多少相关。只要计划合理，孩子的问题行为就会随之减少。孩子有时可能还是不愿做某些事情，但你至少可以坚定不移地实施恰当的后果，久而久之，孩子就会掂量是否值得为这种后果跟你对着干。现在，是时候将计划内容扩展开来了，如学习问题。本章着重解决与学习相关的问题，特别是家庭作业。

家庭作业方面的问题表现形式各种各样。有些孩子不愿老老实实地坐那儿写作业，有些孩子写作业总是磨磨蹭蹭，甚至要花好几个钟头才能写完，有些孩子不停地问这道题怎么做、那道题是什么意思，自己完全不思考，还有的孩子总是到了写作业的时候才想起忘了带这忘了带那，更有的孩子竟然撒谎说老师没布置作业。这一章将手把手教你把这些问题一扫而光。

妙招1：做作业的环境要减少干扰

创造一个有助于孩子高效完成作业的家庭环境，这一点非常重要。首先，要在家里为孩子选择一处写作业的地方，条件是：这

个地方必须远离干扰，但不能离你太远，要便于你监督；环境要安静，却不能太孤立。效果较好的地方有：厨房的桌子（前提是你们已经吃过饭）、客厅的餐桌，或孩子房间的写字桌（前提是房间里不能有很多让他分心的东西，如电视或电动玩具）。

说到电视，其实是对孩子影响比较大的。在孩子写作业时，家里的电视最好关掉。不过，对于某些孩子，环境太安静了，他反而更不能专心学习。周围适当地有些活动，他们反而会做得更好。如果是这种情况的话，你可以允许孩子看着电视屏幕，关掉声音；或关掉电视，在他写作业的地方开个收音机。此外，写作业的地方应该远离电话，避开其他孩子玩耍的地方。

妙招2：做作业的时间因人而异

什么时候是孩子写作业的最佳时间呢？这一点可就因人而异了，它取决于孩子的性格、家庭日常安排、家长的喜好，以及孩子业余活动的安排。各种活动、体育运动，都会占用不同的时间段，孩子的作业时间也应该与这些日常活动相协调。不过，**尽量让孩子在每天的同一时段写作业**。通常，孩子放学回家之后半小时左右、晚饭前约一个小时，或晚饭刚过，这几个时段最合适。

对很多孩子来说，一放学就马上写作业，通常效果并不好。在学校，已经整天忙着学习了，所以放学后需要休息一会儿再写作业。而且，对于很多孩子（特别是低年级孩子）而言，放学后是他们唯一能够和伙伴们玩耍打闹的时间，所以，除了留出时间写作业之外，也应该留给孩子一些自由时间，让他去和伙伴们玩。无论你选择哪一时段作为作业时间，都要尽量保证每天的时间固定不变。这样你才能规划好孩子的每一天，让孩子知道每天的每个时段该做什么。通过日复一日的适应，孩子的自觉力也会增强。

有些时间不适宜写作业，比如临睡前。因为大脑这时没有白天敏捷，注意力也不容易集中。同样，孩子早晨上学前的这段时间也不适合用来写作业。因为这段时间很匆忙，孩子只能敷衍了事，没法专心写作业，更谈不上通过写作业学到知识了。如果放任不管，孩子经常会拖到这些时间段才写作业。作为家长，你决不能袖手旁观，而要为孩子固定一个合理的时间段。

如果家中有几个孩子在上学，最好给他们设定相同的作业时间。这样，你和孩子们就都更容易记住这件事，你也不会为监督孩子、忙其他事而弄得晕头转向。当然，为避免他们写着写着就玩起来，你最好让他们在不同房间写作业。

妙招3：与老师共同制作检核单，作业情况一目了然

为了彻底解决孩子的作业问题，你要做进一步的准备。具体就是，你要邀请孩子的老师参与，以获知孩子每天在校的情况。办法就是，按天记录下孩子的作业情况。

现在，大部分学校都有自己的一套检查作业的制度。有的学校采用作业日志，由老师或学生每天填写。有的学校直接在星期一给每个学生发一张表，以记录这周每天每门学科的作业完成情况，这种方式使一整个星期的作业情况都一目了然，便于检查，也方便记录。

如果你孩子的学校没有类似的制度，你可以自己制定、亲自

执行。首先，为孩子准备一个空白的小本子，让老师（或孩子）记录每天的作业情况。此方法对三年级以下的孩子尤其管用。对于四年级或以上的孩子，你可以让孩子填写检核单（见本章末尾的范例第81页）。检核单可以以天为单位，让孩子每天从你这儿领一张单子，然后填写好；也可以以周为单位，每周一领一张。

两种方法都很管用，后者当然更方便，但有些孩子可能一周还没到头，就把检核单弄丢了。所以对很多孩子，特别是毛手毛脚的孩子而言，每天一张更为适合，尽管会给你添不少麻烦——你得每天早晨都把它发给孩子。

此外，你必须寻求老师的协助。乍看之下，这似乎有点难为情，不过，根据我的经验，绝大多数老师都很乐意协助实施这个方案。毕竟，有了家长的参与，老师会更容易解决孩子的作业问题。

你可以请老师自己决定是由他填写检核单，还是让孩子填写。如果老师选择后者，那你就要让老师在每天放学后亲自在检核单上签字，否则整个方案只是一纸空文。如果孩子有好几个老师，那就必须由每个老师检查检核单并签字。老师可以在每堂课结束后在检核单上签字，如果当天没有布置作业，就必须亲自写上“无作业”之类的句子。这一点非常重要，否则你就得打电话跟老师确认。再有一点：检核单上的所有记录，要一律用圆珠笔或中性笔填写。

妙招4：写作业前的规矩——准备好材料

一旦地点、时间、检核单都准备妥当了，那你就可以制定作业规矩了：孩子每天必须把检核单及需要完成的作业带回家（包括书本、练习本等）；写作业之前，孩子必须将当天的作业检核单（已由老师签字）及完成作业所需的材料让你过目。

如果作业检核单没有老师签字确认，或者孩子忘带完成作业所需的某本书，你该怎么办呢？这种情况要被视为作业准备工作的不完善，其后果就是：孩子当天不能购买奖励（特权）清单中的某些特权。

妙招5：写作业时的规矩——监督而不过分干预

首先，帮助孩子安排任务，按照每一科目将所要完成的作业分门别类。

然后，指导孩子从一门课开始写作业。这项作业完成后，要孩子过来见你，并把完成的作业给你过目。检查一下，如果所有的题目都已完成，并且字迹清晰，大多数题目都写对了，即可批准完成。但不要过度要求作业的整洁度，只要能看清就行。如果写得邋里邋遢，或者大多数答案明显错误，那就退给孩子，让他重写。如果他需要帮助，可通过妙招7来解决这个问题。

如果该门课的作业完成，那就指导孩子开始另一门课的作业，做完之后给你过目。如果你的孩子写作业时总是三心二意、不专心致志，那你可以在规矩中加入这一条：每完成一项作业，就奖他一个积点，但只有作业一次性通过（而不是重做）的情况下才可奖励积点。

妙招6：写完作业后的规矩——换取特权要有度

为了让孩子明白只有认真完成作业才能得到奖励，你必须先把他能得到的特权规定好。尽管在上一章中，你已经明确规定了孩子换取特权的方式，但你仍可以把写完作业才能换取的特权单独列出来。例如，孩子只有在完成作业之后，才能看电视或玩电子游戏。这样，即使他有足够的积点，只要没完成作业，就不能换取特权。此外，如果孩子落下了某项作业或者检核单上没有签字，他也不能换取某项特权（就是说，孩子当天就不许看电视或玩电子游戏）。只有作业检核单上签了名，所有作业全部完成，他才能换取这项特权。这种方法对拖拖拉拉或磨磨蹭蹭的孩子来说，是一种外在动力，可以教孩子自觉完成作业、积极学习。

妙招7：辅导作业的规矩——适当引导，但不要过度帮助

如果孩子跟你说“这道题我不会”，你该怎么办呢？如果这种情况经常发生，那你就要与老师一起解决这个问题，因为很可能是孩子跟不上教学进度。

如果孩子确实需要帮助，那就给予孩子指导，但不要替孩子完成。只稍作提示就行，然后让他完成余下部分。如果他不想动脑筋，你就鼓励他努力单独完成作业。如果他只是敷衍了事，就退回给他重做。

本章小结

本章的方案实际上简单易行，你能有条不紊地规划孩子的作业进度，帮他养成高效完成作业的好习惯。为了激发孩子的积极性，你可以设定一些只有完成作业才能得到的特权；如果他忘了带写作业所需的书本，或忘了让老师在检核单上签字，那他当天就不能享受该项特权。这种方法能显著改善孩子作业完成的情况，能让孩子逐渐意识到家庭作业的重要性。所以，即使花了你一两周的时间才达到这个目的，也是非常值得的。

检核单5A

定规矩法则5：七个学习小妙招，小家伙做作业又快又好

步骤

1.选择作业环境

- 给孩子准备一处没有干扰，但又不过于安静或孤立的地方。效果较好的地方有：孩子房间的写字桌，厨房的桌子。
- 这个地方必须安静，远离电视，远离电话，远离其他孩子玩耍的地方。
- 有些时候，作业地点稍稍保留一些较小的刺激会有所裨益，如将收音机声音调小，收听音乐频道，或打开电视并调到静音。

2.设定作业时间

- 孩子每天的作业时间段需要相同。最好的时间段是：孩子放学回家后约半小时，饭前约一小时，或晚饭刚过。
- 不要设定临睡前或早晨上学前这两个时间段。
- 如果你家里不止一个孩子，就给所有孩子设定同一个作业时间。

3.实行作业检核单

- 和孩子的老师共同制定一份作业检核单。
- 由孩子或老师填写每日的作业情况，必须由老师签署每个记录。

4.制定写作业前的规矩

- 如果孩子忘带了作业检核单，或没有正确填写，当天就不能得到写作业后的特权。
- 如果孩子带回了检核单，但漏掉了某项作业，或者忘带了完成作业所需的书籍，当天也将得不到写作业后的特权。

5.作业进行时要适当监督

- 在写作业时，孩子必须将当天的作业检核单给你过目。
- 在写作业时，要帮助孩子做好安排；帮他找出检核单上列出的作业，以及完成作业需要的相关书籍。
- 让孩子一次完成一门作业，完成了给你检查。然后再开始第二门作业，如此依次进行。

6.获得特权要严格

- 即使孩子拥有积点，也必须告诉他只有完成作业后，才能用积点换取特权，如：看电视，玩电子游戏，外出玩耍，和朋友聚会，打电话。通常最好只选取其中的一两个。
- 如果所有作业已完成，并通过你的检查了，孩子就可以使用手上剩下的其他积点，来换取某些特权。

7.辅导作业要有度

- 只有当孩子告诉你他不会某道题时，你才可以辅导他。
- 不要替孩子完成作业。如果他确实需要帮助，帮他写出开始的一两步就行了，其余部分让他自己完成。
- 检查每一项完成的作业。如果明显草草了事（即所有或大多数答案明显错误），或字迹非常潦草，几乎无法辨认，退给他重做，然后才可继续下一项作业。

检核单5B

每日作业检核单

姓名：_______ 日期：_______

科目	作业	老师签名

第8章　定规矩法则6：给任务单添点新花样，才经得住孩子的软磨硬泡

熟练运用第4、第5条法则之后，你定的规矩已经形成了一套完整的体系，孩子的问题行为应该已经大大减少了，作业的完成情况一定也有所改善了。那么，现在就要进一步扩展“约法三章”的内容了。

本章是教你将孩子的更多行为列入“约法三章”。由于涉及的行为比较广泛，所以步伐要缓慢一些，你可以留给孩子一两周的时间适应这些新变化。

合并小任务，补充新任务，规矩更简单易懂

可以补充进任务单的行为有很多，比如教孩子注意个人卫生，让孩子保持自己的房间清洁之类的事情。这些事情看似零碎，但对孩子养成良好习惯都起着很重要的作用。

在之前的任务单中，你只是要求孩子完成每天必要的事情。而现在，你可以加进那些需要每周进行一两次的任务，如倒垃圾、帮忙打扫客厅等。

记住，家中有几个孩子时，不要分配给他们相重叠的家务，而是将较困难的任务在孩子们之间轮换，或者将任务分割成几个独立、不连贯的部分，再交给孩子们做，并单独设定奖励或积点。确保每个孩子清楚每个任务所应得的奖励或积点。

☺ **临时任务也要设定积点。**

生活中常常会出现临时的事情，有些事情需要孩子参与完成，如：擦门窗、洗车子、扫雪、扫落叶等。这些事情通常都不列入清单，不过事情出现时，你就要把需要做的事告诉孩子，并让他知道做这件事能赚多少积点。

☺ **分类任务更轻松，轻松提升孩子的规划能力。**

现在也正是归类各种小任务的大好时机。归类后，不用针对一件家务的每个环节分别奖励孩子，只有在孩子完成整件事情后才能给予奖励。以前，孩子整理好床铺、打扫干净地板、将脏衣服放进洗衣篮，这三件小任务能分别获得一个积点。而现在，你可以将这些小任务合并成“房间必须保持整洁”，只有当孩子做到了这一点（其实是包括好几件小任务），才能获得一个积点。

这种方式将大大提高孩子规划日常事务的能力。不过，即使合并成大任务，你也要在大任务后面注上各个小任务，这样孩子才能清楚地知道你的具体要求。记得和之前一样，只要孩子按你的要求做了，你都要夸夸他哦！

“说一遍就搞定”

这个方案是由鲁瑟・巴克利博士推广开来的，即：你要孩子做某件事时，只说了一遍，他就立即照做了，那么你就额外奖给孩子一个积点。每当你决定实施该方案时，就向孩子说清楚：“我现在需要你做……如果你马上照做，我将多奖给你一个积点。”然后，向孩子说清任务的具体内容。跟之前一样，这些任务也要简单、直接，只需一个动作就可以完成，这些任务可以是：把玩具放进玩具箱，帮忙摆桌子，吃饭或睡觉时关掉电视等。当你经常附加这种提醒而且孩子也吃这一套之后，你可以告诉孩子，你再不会每次都提醒他了，但只要他立即完成你说的事，你仍然会给他一个积点。“君子一言，驷马难追”，所以，如果你做出了这个承诺，就要一直记得履行哟！

当你和孩子都适应了这个方法后，你可以再次将小任务合并为大任务，例如，告诉孩子，如果一天之内至少做到了10次“说一遍就搞定”，那他将在原来的积点总数上多获得5个积点。这样，你就教孩子慢慢明白：不可急于求成，而要对结果有耐心。当然，你的期望也要切合实际，不要过大，否则会让孩子失去积极性。

每当孩子在你说第一遍时就听从，你也要记得表扬他。久而久之，孩子就会因为喜欢你赞扬他而听话，而不仅仅是为了获得积点而听话。

修订奖励和特权内容

到现在，孩子应该已经攒了一些积点。不要太惦记这件事，因为它只不过表明你的计划进展得很顺利。有时，孩子攒了一些积点后，他就开始耍赖，不想再赚积点了。不要因此而中断了“约法三章”计划的实施。你可以用下面这几种方法鼓励孩子花掉积点，等积点越来越少时，孩子赚积点的积极性也随之而来了。

1.扩展奖励方式

补充了任务单后，就要相应地扩充奖励清单，这一点很重要。

你可以按孩子的意愿增加一些积点值更大的物品，如孩子想要的玩具、书籍等。你也可以自己设定一些活动，并让孩子用积点换取，如主动提出带孩子去游乐场，引导他为娱乐项目花掉积点。

你还可以增加一些周期性的特权，并鼓励孩子换取这些特权，如“允许在朋友家过夜”等。对这些活动，你可以设定较多的兑换积点，但要在孩子力所能及的范围内，并让孩子觉得合情合理、有换取的可能性。

2.孩子只攒不花？你可以“积点清零”

如果孩子把积点都攒起来，并不打算购买清单上的特权，也拒绝再完成任务单上的任务，原因可能是你的奖励（特权）清单上设定的内容太少，而且没有孩子想要的奖励。所以，一定要确保你所涉及的奖励内容足够宽泛，涵括孩子喜欢的一些常见活动。例如，出去玩的时候，你可以要孩子购买外出的时间。

针对孩子只攒不花的行为，还有个好方法：你可以规定，每个周末都要进行“积点清零”活动，所以过了周末，积点就会作废。这种方法偶尔用用才会有效，不要过于频繁，否则，孩子会觉得攒积分毫无意义，慢慢就会降低他赚取积点的积极性。

孩子不配合你，就设法提高他的积极性

要明白，每个人做事的积极性都会时高时低，孩子更是如此。有时，孩子会使劲赚积点并兑换奖励；有时，他则会一项任务也不做，不在乎有任何后果。出现这种情况时，别太担心，问题并不在你身上。毕竟，孩子也是人。他们和大人一样，会有喜怒哀乐。有

时他们跟你配合得“天衣无缝”，而有时又会惹得你直跺脚。没关系，只需牢牢坚持已定计划就可以了。

有的孩子不愿加入这个计划中，他们也不赚取任何积点为自己兑换特权。这时，家长应该没收孩子所有的玩具，锁在柜子里。然后，告诉孩子：“想玩玩具的话，你可以用积点来换。”同时告诉孩子，一个积点只能玩一段时间，如：一个积点换得一个玩具，能玩半个小时。以这种方式计算，两个玩具半个小时则需两个积点。其实，对于大多数的孩子，家长并不需要这么严格。不过，如果孩子一直不肯配合你的计划的话，那就有必要采取这种措施了。

孩子做错事，不惩罚，扣“积点”

补充任务单时，另一个需要纳入的方案是“积点损失”。也就是说，孩子做错事时，你可以没收一定数量的积点来作为对他的惩罚。开始这个方案之前，你要另外列出一张清单，标注为“积点损失清单”（而非“惩罚清单”，范例见本章结尾，91页）。开始阶段，你只需列出你想要纠正的一种行为即可。

这种方法对说脏话、打人、未经允许偷拿某样东西、不按时上床睡觉等行为很有效。在规定这些行为应该让孩子损失多少积点时，要本着详细、明确、严谨的准则。孩子的这些错误行为一定是你当场捕获的才行，不要听信他人（如孩子的兄弟姐妹或保姆）向你汇报。如果你没有亲眼见到、亲耳听到，不要没收孩子的积点。

不良行为1：说脏话

如果孩子说的脏话并没严重到要“面壁思过”，那你就可以没收他的一些积点。例如，如果孩子在你们发生冲突时说了一句脏话，那么就一句扣5个积点。如果孩子一次连续说了几句脏话，只扣一次积点。不过，如果孩子隔了一两分钟又说了脏话，那就要扣两次（即10个）积点。扣积点的时候，一定要明确告诉孩子你是因为他哪句话而扣的，不要笼统地说“因为你骂人了”，这只会引发更多的“口水战”，陷入哪些才是脏话的争论中。为了纠正孩子说脏话的这个毛病，**你得事先明确规定哪些是脏话**。还是那句话，孩子的环境可预见性越强，你操的心就越少。

不良行为2：打人

孩子对家人进行肢体攻击时，也要扣除相应的积点。尽管应该立即让孩子受到面壁思过的处罚，但可以以扣除积点作为辅助手段，这样效果会更好，特别是对经常打人的孩子来说。同说脏话一样，你也要明确指定什么样的打人行为会受到惩罚，以及孩子会损失多少积点；孩子每发作一次，即使他打了好几下，也只给予一次惩罚。给予肢体攻击的惩罚，应该比说脏话的惩罚更重。但在设置积点损失时，**损失值也不要过大，不要让孩子打一两次人就将积点全部扣除，否则孩子再打人的话，就没法给他同样的惩罚了。**毕竟，教育孩子最重要的是方法前后一致。

☺ 扣除积点一次最多针对两个行为

关于这点，提一条建议：无论何时，你扣除积点所针对的行为不能超过两个。如果多于两个行为，事情将混作一团，孩子会很快失去太多积点，继续赚取积点的积极性也会大大降低。所以，你可以先解决一个问题（如：孩子不再说脏话），过一两周之后，等这个问题解决得差不多了，再解决另一个问题。

本章小结

本章提供了大量建议，一时半会儿不可能完成。那么，我们可以一步一步地来。例如，你首先可以把一些小任务合并成某件大任务，同时扩充奖励清单，并开始对某种行为制定积点扣除的处罚方案。将这些方法实行一两周后，才能再补充任务单，具体可以遵循第7、8、9条法则。这三条法则没有先后顺序，你只需根据你的情况来决定顺序。■

检核单6A

定规矩法则6：任务单要花样百出，才经得住孩子的软磨硬泡

步骤

扩充任务单

- 补充不常发生的家务（兑换过程一定要有明确规定）。
- 加进临时家务（一定要提前说清楚做这项家务能赚多少积点）。
- 开始合并有关联的家务，不过条件是：在过去一周内，单独命令这些事务时，孩子至少有三分之二的时候会服从。

“说一遍就搞定”

- 添加“说一遍就搞定”的方案。用到这种方法时，每次都要提醒孩子这一点。

修订奖励和特权

- 扩展每日特权清单。
- 扩充清单，纳入更多细小的特权，如：允许在朋友家过夜。
- 允许孩子在某段时间内赚取更多积点，换取一份更大的奖励（如一本书）。
- 如果孩子攒了很多积点，却很少兑换，也不要担心。如有必要，你可以限制孩子玩玩具，直到他又开始赚积点。或者，偶尔用一下“周末积点清零”活动吧！
- 确保孩子只能通过积点来兑换特权，其他途径一律不行。家长一定要经得起孩子的“软磨硬泡”。

扣除积点

- 针对孩子某些不当行为，你可以用积点扣除的方法。先针对一种不当行为，然后再纠正另一种不当行为。这种行为一定是你当场发现，而不是依据其他人（如兄弟姐妹们或保姆）的报告。要绝对明确、清楚地规定何种行为应受处罚，以及每次该扣除多少积点。
- 不管什么时候，扣除积点这一惩罚一次只能针对一种行为。

检核单6B

积点损失清单

姓名：_______

不当行为	扣除积点的数量

第9章　定规矩法则7：孩子外出时爱撒泼，一定要事先“约法三章”

用了前面的几条法则之后，孩子的问题行为一定是在减少，虽然时不时会出现反弹，这都属于正常现象。毕竟，孩子也有喜怒哀乐，有时很乖很听话，有时又让人心焦如焚。因此，你每天面对的问题行为，都与孩子当天的情绪息息相关。

人类的情绪可谓是瞬息万变：是不是有时你会很低落？是不是有时你明知吃垃圾食品不好可就是克制不住想吃的冲动？是不是有时你也会冲动消费？是不是有时你看中了一件衣服，却还是毅然放弃不花冤枉钱？要知道，孩子也和我们大人一样，他们也有控制不住自己情绪的时候，就像你忍不住买一些并不需要的东西一样。

自制力与许多因素有关。它取决于我们当时的情绪：当我们感到紧张、愤怒、心神不宁或闷闷不乐时，则难以抗拒要做某事的冲动。孩子同样会有这样的感受和反应；他们的自制力同样会受到情绪、兴奋程度的影响。兴奋程度越高，他们受到的刺激就越强，孩子也就越难控制内心的冲动。

在进行本章的学习之前，先想一下自己有没有坚持使用之前的法则：跟孩子说话时，有没有和他进行眼神交流（定规矩法则1）？说出你的要求之后，孩子依然不听吗（定规矩法则2）？孩子现在还有没有隔三岔五地闹脾气呢（定规矩法则3）？孩子在早起、早睡、做家务上跟你配合吗（定规矩法则4，6）？孩子的家庭作业完成得好吗（定规矩法则5）？

如果孩子在这几个方面依然存在问题，那你就需要重新复习前几章的内容了，直到你和孩子在日常生活中基本能达成一致。“约法三章”有效，是第7，8，9这三项附加法则成功的先决条件。

如能坚持实施“约法三章”，会让孩子认识到正确的行为会得到积极的后果，同时让他养成三思而后行的好习惯，也提高了他在特定情形下作出正确决定的能力。对于第7，8，9条法则而言，顺序并不重要。它们都是通过丰富“约法三章”的基本用法，来纠正孩子的不当行为的。所以，你可以根据自身及孩子的需要，随意安排顺序来完成这三章的内容。

为什么孩子外出时经常闹人?

外出时闹人的现象很普遍，也更挑战家长的耐心。原因极为复杂，重要的有两点。

第一，孩子已经习惯了在家时的规矩，而一旦到了外面，孩子就会觉得无所适从，而且很多公共场合的环境本身就没有定规矩。在超市或百货商店，你不告诉孩子怎么做才算对，那孩子心中就会升起几个疑问：我能自由自在地溜达多远才不惹妈妈生气呢？我可以跑多快呢？如果快跑不行，那小跑是不是就不会被妈妈说了？架子上什么样的东西才可以碰呢？我能乱嚷嚷多久才不被妈妈给训一顿呢？

另一个重要的促成因素是因为在很多公共场合中，孩子直接面对的刺激因素更多。在超市或商店，顾客们来来回回地穿梭，或许不小心碰到了对方引发了争吵，或者正在一起聊天。耀眼的灯光，斑斓的色彩，嘈杂的声音，好看的玩具，无一不在吸引孩子的眼球、分散孩子的注意力，当这一切的一切一股脑儿摆在这个小家伙面前时，他会受到过度的刺激。因此，他控制自己行为的能力就大大降低了。

再如，走亲戚时，孩子们通常和不常见到的表亲们打闹成一团，为这种难得在一起玩的机会而激动不已。而这种玩闹会涉及很多的肢体活动，从而加剧了孩子们的兴奋程度，孩子就很难保持良好的自制力。

带孩子外出同样要定好规矩，它们比家里的规矩更复杂。例如，去亲戚家串门时，你的孩子可能会发现，在自己家里被你允许的事，可能在亲戚家里却被禁止。这些规则和期望的不同，对大多数孩子来说，都造成了一定程度的困扰。所以，外出时，家长需要高度的注意力和特别的方法来给孩子定规矩。

看一看以下这种情形：

5岁的芭比要和妈妈一起去超市。在进超市之前，妈妈就叮嘱她："芭比，我们来定个规矩，如果你在超市里乖乖听话，出来的时候我就奖你一包糖，一言为定？"

芭比满口答应："一言为定！"

于是芭比和妈妈就进了超市。一眨眼的工夫，芭比就开始到处乱跑。妈妈只顾忙着买东西，还没反应过来，芭比已经跑开了。过了好一会儿工夫，妈妈大声叫着芭比的名字："芭比……"可她已经跑到旁边的过道去了。芭比没有回答。妈妈转了一圈终于找到她了，只见芭比眼巴巴地盯着货架上的一盒饼干。

“妈妈，我们能不能买这个呀？”芭比说着，从货架上拿下了这盒饼干。

“不，不行！”妈妈一口拒绝，说话间一手从芭比的手里把盒子拽下来，放回货架上去了。

芭比怎么也想不明白，嘟着小嘴说道：“为什么不行啊？”

妈妈没回答她这个问题，而是反问道：“我刚才怎么教你的？如果再这样，就别想吃糖果了！”妈妈一手抓过芭比，把她拽回了别的过道。

芭比嘴里开始嘟囔个不停，牢骚满腹。她提高嗓门，歇斯底里地哭喊：“为什么不行，我要饼干嘛！”

妈妈没有理她，继续买她的东西。她松开了芭比的手。芭比立即又跑开了，回到了放饼干的地方，又将饼干抓在手里。妈妈追着她过来了，抓住她的手，猛地一下抽出饼干盒，厉声说道：“你还闹是吧？我可以肯定地告诉你，今天不会买糖果了！”

芭比开始哭啊闹啊，一屁股坐在了地上。妈妈不得不拽着她走，她还是大声哭个不停。妈妈没好气地抱怨道：“每次和你一起出来买东西，我白头发都会多出一撮来。”

抱怨完，妈妈还是继续购物，这回她再不放开芭比的手了。芭比还是哭个不停，抓住货架上的东西就往购物车里扔。每次妈妈瞪她一眼，芭比马上把这些东西收回，重新放到货架上去。妈妈再次提醒芭比，再这样闹个不停，先前承诺的糖果就真不买了。刚说完，芭比又挣脱妈妈的手，妈妈不得不追上去，抓住她的手，把她拽回来。芭比还是继续喊着哭着。

逛完后，她们到了收银台，妈妈看见糖果就放在收银台旁的架子上。妈妈指着糖果说道："芭比，如果我付钱的时候你能乖乖的，我还是会给你买糖果的。"她放开了芭比的手，开始将东西一件一件放到收银台上。

芭比迅速抓了一袋糖果，偷偷放在了购物车里。不幸还是被妈妈当场逮住了，妈妈把糖果拿了出来，严厉地吼道："芭比，你有完没完！我真被你气坏了！今天别想要糖果了！"芭比又开始哭闹，想从妈妈身边跑开。妈妈一把抓过芭比，把她拽了回来。芭比乱踢一通，闹个不停。其他人都齐刷刷地看过来，妈妈非常尴尬，对芭比说道："回家了再闹行不行！看我回家怎么跟你爸爸说！"

折腾一番之后，妈妈终于付好了款，她拽着仍在哭闹的芭比走出了超市。到了停车场，芭比还想跑开。妈妈一把抓住芭比，硬是把她塞进了车里。此时妈妈再也忍不住了，对着芭比大声说："我简直被你气死了，真拿你没办法。"

到底有没有办法可以解决这些闹心事呢？可以让芭比在超市里表现得更懂事吗？答案当然是肯定的，不过很多家长有了几次这样的经历后，常常有了逃避心理，再也不带孩子去超市了，或者是找人陪孩子在儿童区玩耍，自己一个人去买东西。不过，这绝不是长久之计，不仅不利于融洽亲子关系，最关键的一点，是让孩子失去了接触这种环境的机会，从而让他学不会正确的应对方式。因此，带孩子到这样的场合是必不可少的。当然，上面例子中“妈妈”的做法存在许多需要改善的方面，只要按照本章的方法，你和孩子就能开开心心逛超市。

期望要合理

带孩子去商店、餐馆或朋友家时，需要提前做好准备。外出之前，先想想孩子以前最闹人的时候是怎样的，这样做可以帮你集中解决这些特定的问题，并成功改善孩子在这些环境中的行为。

此外，这也能帮你调整好自己的期望值。你能期望五六岁的孩子能够乖乖玩两小时游戏吗？可能性不大。总而言之，家长要根据孩子的年龄和性格，制定切合实际的期望。

提前定规矩七步骤，操作简单又有效

要想让孩子在外面乖乖遵守规矩，你需要结合前几条法则以及以下建议，教孩子改进自己的行为。

1.告诉孩子正确的做法，并且只警告一次

到目的地之前，要先确保孩子清楚地知道你希望他怎么做。你要做好充分准备，时刻注意引导孩子学会正确的做法，而不是批评他错误的做法。这一步最好在路上完成，因为孩子的记忆都很短暂，你讲得早了，他反而会不记得。

首先，告诉孩子规矩时，要和孩子保持眼神交流。

一旦吸引了他的注意力，就把具体的规矩告诉他。孩子越小，你抱有的期望就越不能太高。例如，4岁的孩子每次只能遵守一条规矩，而9岁的孩子通常能遵循两三条规矩。说的时候一定要本着明确、足够详细的原则（如“不要从我这儿跑开，”“没有我的允许，不许随便拿货架上的东西”等），一定不能有歧义，不要过于笼统（如“你要乖”或“不能乱来”），不要想当然地认为孩子知道你的意思。

接着告诉孩子，你在目的地最多提醒他一次。

然后，让孩子向你复述这些规矩，确保他已经明白了你的要求，包括你只会给他一次警告这一条。这能让孩子意识到警告是一种信号，因为它不会有第二次，自然也就格外严重。如果你警告了一遍又一遍，孩子就会听腻，便会觉得那只不过是吓唬吓唬他而已，根本不会来真的。

2.设置遵守规矩应得的奖励，要“明确”而“详细”

上一步完成后，接下来要明确、具体地告诉孩子遵守规矩会得到什么奖励。再啰唆一遍，要“明确而详细”，如，奖给孩子五个积点或五张贴纸（根据你已经制定的协议）。这就意味着，在尝试这个方法之前，你必须已经实施了一份效果良好的“约法三章”。只有这样，孩子才更容易理解努力后的结果以及积点的价值。

有时，设置直接、第一手的奖励比间接的奖励（即只有通过兑换才具有价值的后果）效果会更好。特别是对不到5岁的孩子来说，一旦他完成了任务，你就要立即给予他奖励，这样做效果会更好。对有的孩子来说，贴纸会比较有用。当然，你也可以用一些物质奖励（如一块糖果）。如果你以食物作为奖励，尽量不要过于频繁，而要继续发掘孩子会喜欢的其他奖励，否则会让孩子产生肥胖问题。不论奖励形式怎样，在这么做之前，你都要制订一个明确、详细、现实的计划。只有当孩子的表现让你满意，他才能获得奖励。

奖励的设置一定要与事情的困难程度相一致。例如，孩子在庄重的场合中（如葬礼上）遵守了规矩，应该比他去超市购物时听话获得更大的奖励；如果为一次自驾游设置奖励，可以将这次旅程分成若干部分，让孩子分别在每一部分获得奖励；走亲访友时，要当着孩子的面向亲友们宣布你和孩子的约定，那么孩子就会明白，在场的每个人都对他抱有相同的期望。走亲戚时，有时你需要根据主人家的规矩来相应调整自己对孩子的期望。重要的是，要向孩子传达一个信息：不同的场合有不同的行为规范。

3.严重违反规矩时要惩罚，才能避免危险

如果孩子不遵守规矩，他将得不到奖励。在很多情况下，这就足矣，也相当于给了孩子一种惩罚。不过，有些时候，你可以设置一定的消极后果，特别是事情比较严重时（如孩子从你身边跑开之后陷入了危险之中）。最合适的消极后果就是与孩子同一行为的积极后果相反的后果（如果孩子遵守规矩能获得5个积点，那违反规矩时应失去5个积点）。这种外在动力有时会刺激孩子努力遵守规矩。最后，让孩子复述你所规定的奖罚结果：遵守规矩会得到什么，反之会失去什么。

4.到目的地之后，要时刻监督

明确设定了规矩和奖罚之后，你就可以进入目标场合了。这时，你要时刻监督孩子的行为，确保他遵守规矩。在孩子初次违反或将要违反时，提醒他你们定的规矩和奖罚结果。注意，你只能提醒这一次哦。如果在外出期间，孩子遵守了规矩，要表扬他（“我很高兴你能……”）；等时机合适了，立即执行积极后果。这能强化孩子的成就感，让孩子以后更乐意这么做。

5.执行后果要合理

如果在给予提醒之后，孩子再一次违反了规矩，你就要马上告诉他已经得不到奖励了（或者有哪些惩罚），等到时机合适，立即执行。但有一点要注意，你可不能用报复或嘲笑的语气跟孩子讲这些，因为你的目的是要告诉孩子以后还有机会改正，而不是让孩子的心情更糟糕。

6孩子脾气大时，要让他“面壁思过”

当孩子得知失去了奖励或将会受罚时，他通常会烦躁不安。这时你就需要马上处理这种情形。如果你发现孩子开始闹脾气，并愈演愈烈，就必须立即加以阻止：将他拉到一边，避开旁人，尽量让他冷静下来。如果当着在场其他人的面，孩子就会窘迫不安，只会更加生气。找一个安静、私密的地方，以温和、冷静的态度和他讲话，即使孩子静不下来，你也要这么做。你要保持沉着、理智，切莫对孩子大声训斥，否则那只会让他更生气。你可以问问孩子需不需要一两分钟去平静自己的心情。如果你觉得孩子处于极度的狂躁之中，就再多给他一些时间。

如果孩子的情绪开始失控了，开始大闹脾气，那你就要立刻执行面壁思过处罚（见定规矩法则3）。找一处可以让孩子静一静的地方（如果在走亲戚时发生这种事，你可以趁没人时利用浴室、卧室或小房间；如果在餐馆或超市，可以使用公共厕所的一个隔间；如果实在找不到合适的地方，可以将他放在你的车里）。

7.让孩子冷静下来，车里同样可以进行

如果在车里进行面壁思过处罚，最好把孩子放在车后座。然后根据第3条法则中的方法教导孩子。告诉他，除非冷静下来才可以从车里出来。接着，把车门关上（但你可别进去），你只需站在车旁，保证孩子待在里面。尽量不要直接和他对视，因为这样只会刺激他再度爆发。你可以转过身去，但要时刻留意车和孩子。如果孩子在车里做出危险的举动，那你再进去坐在他旁边，将他在后座上固定好。

你要理智地分析什么时候该用车作为面壁思过地点：不要在天气恶劣之时（如严冬酷暑），或当车子停在嘈杂的地方时，否则孩子打开车门时就非常危险。要留意车里的东西，确保孩子身旁无任何危险性的东西。只要确保了这些事项，汽车才是一个安全的面壁思过地点。另外，也要看好车钥匙：没有车钥匙，大多数汽车是无法启动或挂挡的，那么车子也开不了。

在孩子足够冷静之后，回到先前的环境中，但不要再给孩子任何赢得奖励的机会。如果孩子再度发脾气，你可以重复面壁思过的处罚。

本章小结

让我们看一看，如果实施了本章叙述的技巧，芭比和妈妈的情形又该如何呢？

在进入超市之前，妈妈和芭比还坐在车里，这时，妈妈语重心长地对芭比说：“芭比，来，看着妈妈。”她看着妈妈，妈妈叮嘱她："我们就要进超市了，我希望你能遵守两条规矩。第一，你必须待在我身边，不要到处乱跑；第二，没有我同意，你不能把东西放进购物车里。好，现在你重复一遍这两条规矩。"

"好的，妈妈。我必须待在你身边，没有你同意，我也不能乱跑，不能随便把东西放进购物车里。"

"很好。现在，你听好，如果你遵守这些规矩，你就会得到两个奖励：第一，从超市出来的时候，我将给你买一块糖果；第二呢，回家之后，我会奖你5个积点。好，现在你重复一遍，如果你遵守规矩的话，会得到些什么。"

"我能吃到一块糖果，还有，你会奖给我5个积点。"

"非常好。现在，让我再告诉你如果违反了这些规矩又会发生什么：我不会给你买糖果，回家之后，我还会从你的罐子里收回5个积点。明白了吗？你重复一次，违反规矩会发生什么。"

"好吧，你不会给我买糖果了，还会拿走5个积点。"

"很好。记住，在你失去这些东西之前，我只会提醒你一次。明白吗？"

"明白了，妈妈。"

"真乖。那我们现在就进去吧。一定要努力做到哦，妈妈相信你会做得非常好的。"

妈妈和芭比一起进了超市。芭比第一次开始乱跑时，妈妈拉住了她，反问道："芭比，刚刚我们在车里，我要求你遵守哪两条规矩呀？"

芭比回答了这个问题，这样她就回想起来了。接着，妈妈又问道：“很好，芭比，那你再说一下，遵守这两条规矩和违反这两条规矩分别会有什么样的后果呢？”

芭比也回答了。妈妈接着反问她：“咦，那刚刚发生了什么呢？我为什么要抓住你呢？”芭比这时意识到她刚才乱跑了。然后，妈妈提醒她：“芭比，来的时候我已经说过了，这是给你的唯一一次提醒。如果你再违反我们定的其中一条规矩，你知道会发生什么的。”

妈妈和芭比继续购物。如果芭比在购物过程中乖乖遵守了规矩，妈妈就会给予她表扬，出去的时候给她买糖果，回家之后奖她5个积点。

而如果芭比再次违反了规矩，妈妈可以再重复上面的对话，帮助芭比记起规矩的内容和相应的后果，并让她知道她违反了哪条规矩。如果芭比变得狂躁不安，妈妈就要把她带到超市的一个角落，给她一点时间冷静下来。如果芭比的脾气越来越大，妈妈可将购物车放在一边，让超市员工帮她看着，然后把芭比带出去放进车里，开始实施面壁思过处罚。等芭比完全冷静下来后，妈妈和芭比再回到超市，继续购物。

这种方式需要妈妈更精心地计划，耗费的时间和精力也更多，特别是在芭比违反规矩，得不到奖励的情况下。不过，为了让芭比从中吸取教训，所以投入再多精力也是值得的。一次的尝试当然无法保证芭比下次去超市时不出任何问题，但只要坚持使用这种方法，久而久之就会减少问题的出现。反之，如果像本章开始时讲的那个案例，孩子并不能学到什么，以后去超市买东西时，芭比仍然会吵吵闹闹。

正如其他所有技能一样，只要持之以恒，加上反复实践，就能明显提高成功的概率。每周实践两三次，差不多隔天一次。根据你所面临的问题的难易程度（以及孩子的年龄），你可以一开始先制定一个规矩，进行时间较短的外出活动。如果孩子表现好一些，你可以渐渐延长外出的时间，同时细化规矩的内容。如先前一样，在开始解决其他问题之前，至少将这种方法实践两周。

检核单7

定规矩法则7：孩子外出时爱撒泼，一定要事先“约法三章”

步骤：

1.告诉孩子正确的做法，并且只警告一次

- 进入目的地之前，看着孩子的眼睛，告诉孩子你希望他遵守的规矩。
- 制定的规矩不得超过三个。
- 规矩应该明确而具体。不能说“不要瞎闹”，而应该更为精确，如“要一直跟在我身边”或“在超市不要随便拿货架上的东西”。

2.遵守规矩有奖励

- 明确、详细地告诉孩子遵守规矩会得到的奖励。
- 奖励可以是：5个积点，给他买一包零食，一个小礼物，一份甜点，得到一项免费的特权等。
- 确保你所设置的奖励与规矩的困难程度相一致。例如，孩子在庄重的环境中（如葬礼上）遵守了规矩，应该比去超市购物获得更大的奖励。
- 如果为一次自驾游设置奖励，你可将这次旅程分成若干部分，让孩子在每一部分中都能获取一份奖励。
- 走亲访友时，你要向亲友们宣布你给孩子定的规矩，那么孩子会明白，每个亲友都对他抱有相同的期望。

3.违反规矩要惩罚，孩子才知道该怎么做

- 孩子将得不到奖励。

- 在你们到达目的地之前，让孩子重复你定的规矩及相应的奖罚。

4.到目的地之后，要时刻监督

- 在孩子初次违反或即将违反规矩时，你要提醒他相应的惩罚。注意：只能给予一次提醒。

5.奖罚后果要合理

- 如果孩子再次违反规矩，你就告诉他奖励没有了，而且在这次外出过程中，他也不能赚得其他奖励了。
- 如果孩子大闹，你就马上对他进行面壁思过处罚，地点可以是厕所、无人的角落或等候区的椅子等。
- 如果实在找不到合适的地方，用你的车作为面壁思过的地点。
- 停下手头的事，把孩子带到车里。
- 让他坐在车里，关上车门（你自己不要进去）。
- 给予他教导，与家里的面壁思过步骤一样。
- 站在车外，确保孩子待在里面。最好不要站在车窗旁，避免再度和他产生冲突。
- 设定合适的时间，时间结束后，告诉他你们要回到先前的地方，但是没有奖励。如果孩子又跟你闹别扭，就再进行面壁思过处罚。

如果孩子遵守规矩，一定要给予他赞扬和奖励。

第10章　定规矩法则8：孩子喜欢在你忙时捣乱，就拿打电话做实验

“约法三章”如果实施恰当，它将会使你如虎添翼，让你轻松化解孩子日常生活中的大问题和小毛病。之所以有这样惊人的效果，是因为通过坚持实施，孩子渐渐就学会了要三思而后行。

育儿过程中还有一个常见问题：孩子经常会打断大人手头的事。这种行为在两三岁孩子的身上非常普遍，不过，随着年龄的增长，普遍会有所改善。但仍有一些孩子却还是改不了这个坏习惯，似乎他们真不知道哪些时候能和家长说话，而哪些时候不能。

让我们一起看看下面的例子：

7岁的吉米正在客厅看电视，妈妈正在厨房里做晚饭。电话铃响了，妈妈接了电话。这时，吉米走了过来。

“妈妈，妈妈——”他一个劲儿地扯着妈妈的袖子，妈妈这会儿还通着电话呢，哪儿顾得上他。

“妈妈，妈妈——”他没完没了地叫着。

妈妈捂住话筒，不解地问道：“怎么了？没见我在接电话吗？有什么事等我接完电话再说。”

吉米停下来了，不一会儿他又开始叫：“妈妈，妈妈！”不管他怎么叫，妈妈还是没理他。可是吉米还在叫，妈妈只得又捂住话筒，说：“不是说了我在接电话吗？到底什么事？”

“老师说，你必须打电话给她，改一改你们见面的时间。”

“行了，有什么事等会儿再说，我这会儿正忙着接电话呢！”

妈妈又继续接她的电话了。吉米停止了叫喊，无奈之下也只好离开。还没走两步，他就突然转过身来，又赖上妈妈了：“妈妈，妈妈，妈妈……”

妈妈还是不去理他，但这回吉米可是没完没了，整整闹了一分钟。妈妈无奈之下又捂住话筒：“还有什么事呢？我不是告诉你了，我在接电话！”

“妈妈，妈妈，妈妈……”吉米不屈不挠地叫着。

“去看电视吧！我在接电话！别添乱了！”

“但是，妈妈，班里组织下个月去博物馆玩，你要签字同意。”

“没看见我正接电话吗，啊？你这孩子到底怎么回事啊？”

吉米嘴里嘀嘀咕咕，声音越来越大了。最后一声歇斯底里：“但是，你要签字同意……”

妈妈这回可真是耐不住性子了，顾不上将话筒放下，一把拽住吉米，想把他拽出房间。吉米还在叫喊着，想挣脱妈妈。他大声抗议：“可是，我是要告诉你一些事情呀，非常重要的！妈妈——”

到了这会儿，妈妈的气就不打一处来了。她猛地将吉米推了出去，愤然大吼：“你闹够了吧！这周末你不准离开你房间半步！”吉米开始肆无忌惮地哭啊闹啊，狠狠地抛出一句话：“你是个讨厌的妈妈！我讨厌你！”

妈妈继续接电话了，不停地向对方赔不是。妈妈牢骚满腹，她闹不懂吉米怎么老是这样，他现在已经长大了，不应该再像小时候那样了。

我相信，很多家庭里都会时不时地上演这一幕。本来只不过是一丁点的不快，最后却酿成了激烈的争斗，扰得你和孩子心烦意乱。你可能还大惑不解：为什么孩子总在大人打电话或忙的时候纠缠不休呢？我究竟该怎么办才好呢？这个问题牵扯了很多因素，对这些因素有一个了解之后，就能帮助有这方面困扰的家长们。

上面的例子中，妈妈在最后指出，吉米从小就经常这么做。显然，在吉米还只有4岁的时候，妈妈觉得还可以忍受他这种喜欢打岔的行为。但现在，她觉得吉米应该已经养成了正确的行为习惯，不应该出现这种事。的确，绝大多数小孩子都喜欢打断大人的事情。这属于一种冲动性的行为。孩子太小，没有很强的自控能力，一有了什么想法或冲动，大多数时候都会不假思索地去做，他根本不管家长当时在做什么，都会马上和家长“一吐为快”。

孩子为什么喜欢打岔?

有些孩子随着年龄的增长，渐渐就改掉了这种习惯，而为什么有些孩子却一直没有改善呢？答案就在于每个孩子的综合能力都不一样。不能控制情绪冲动的孩子，经常表现出：判断力较差，经常撒谎（通常是为了掩盖他们觉得会带来麻烦的行为），说话信口开河，过马路不注意安全，等等。他们经常做的事就是打断大人说话或做事。例子中的吉米就是如此。在大人眼中，吉米是个难缠的孩子，他的父母需要解决这些根深蒂固的困扰，以下是一些具体的建议。

1.不要认为“他是故意的！”

有时，孩子早不找你晚不找你，偏偏你忙的时候来找你，你会觉得他是故意捣乱。如果你有了这样的想法，那可就要慎重了。如果带着这样的想法教育孩子，那家长通常会气急败坏，对孩子的不当行为反应过度。

你应该明白，孩子经常会缠着你，但只有家长忙的时候才会觉得孩子是在捣乱，而其他时候，这种行为似乎可以接受。打岔也是如此：孩子过一会儿找你一次，这是一种无意识、心血来潮的行为，他十有八九是想把他那小脑袋瓜里刚冒出的新点子告诉你。如果你只是在做一件平常的家务事，可能就不会觉得他打扰你了，而当这种行为不凑巧发生在你打电话期间或者赶工期间，你可能就觉得他是故意打岔。

2.告诉孩子具体该怎么做

上面例子中矛盾的不断升级还有其他一些因素。妈妈之前没有告诉孩子具体应该怎么做，而总是以问句的形式表达她的期望。对于吉米而言，除了为了免受妈妈的怒火（其实这对孩子来说，并不足以成为他改变小毛病的理由），根本就找不出任何理由使他不打岔。况且，妈妈的越发恼怒反过来也引发了吉米情绪的恶化。

4项要领，让孩子学会不打岔

跟孩子说话的要领是：

1.决不要以问句的形式提出要求，要尽量说得明确、具体（见

定规矩法则1）；

2.保持眼神交流（见定规矩法则1）；

3.可以暂时放下你手头的事情（如让通话的对方稍等片刻），按定规矩法则1说出你的要求；

4.控制自己的情绪，不要骂孩子或使孩子难堪，否则只会促使矛盾急剧恶化。

定规矩5步骤，孩子更有眼力见儿

既然你明白了孩子为什么喜欢打岔，那你应该怎么解决这个问题呢？结合我的研究与实践经验，加以精心策划，你可以用5步轻松搞定：

1.告诉孩子一个规矩

挑个比较有空的一天，运用第1条法则，针对你希望孩子在你通电话时的行为，制定详细、具体的规矩。比方说："我接电话的时候，不要打断我。等我接完电话，你才能跟我说话。"说完，你可以让孩子重复你的意思。

2.告诉孩子遵守规矩会得到什么奖励

接下来，为遵守规矩设置相应的奖励，并将奖励内容明确、具体地告诉孩子。你可以用积点或贴纸作为奖励（"如果你不在我接电话时打断我，我就奖给你两个积点"）。因为孩子已经在前几章的练习中习惯了这种观念——表现好就有奖励，那么，他就会努力争取奖励。对很小的孩子来说，最好用物质奖励。记住，奖励要明确、及时。

3.告诉孩子违反规矩会受到什么惩罚

违反规矩应受的惩罚可以有两种方式：第一，孩子得不到你先前许诺的奖励；第二，设置一种消极后果。最恰当的消极后果要与你定的奖励相一致。例如，如果你许诺孩子，不打岔可以得到两个积点；那他打岔的话，则会失去两个积点。把奖励和惩罚都告诉孩子之后，让孩子自己复述一遍。

4.开始实践

明确制定了规矩和后果之后，就可以开始实践了。来电话这事，通常没办法控制。你没法知道什么时候会有人打来电话，孩子也很难时刻记住你跟他定的规矩。再者，通话时间也没法事先知道，时间一长，很难保证孩子能抑制自己的冲动不去打扰你。

所以，你可以主动创造机会给孩子练习：事先告知一个朋友（尽量多找几个人），你会在接下来的一两周内每天给他（们）打几次电话，让孩子练习不要打断你通电话。觉得这招麻烦的话，你可以“模拟通话”，就是拿着话筒做出通电话的样子。从你计划的第一天早晨起，告诉孩子**你今天要打_____个电话，你希望他在你每次打电话时都能遵守_____规矩；遵守规矩能得到_____奖励，违反规矩会得到_____惩罚**。然后，让孩子对你重复一遍规矩的内容和奖罚后果。几分钟后，你们可练习一次：打给某人（或只是假装在打电话），只需打几分钟即可。根据孩子的年龄确定通话时长：孩子越小，起初练习的时间应该越短；对四五岁的孩子，刚开始可以一次通话两三分钟；而对七八岁的孩子，五分钟左右即可。

在你打通“电话”之前，最好告诉孩子：“我要打电话了，要记得我们先前的约定和后果哦。”然后开始打电话，并计时，确保自己不超过预定时间。如果孩子来到了你身边，你可以用“暂停”手势，提醒他你们约定的规矩，但不要给予任何口头上的警告。如果孩子打岔了，你可以暂时放下话筒，平静地把孩子带到另一个房间，提醒他先前制定的规矩，然后回来打完电话。挂电话之后，再针对孩子的行为进行处理，冷静地描述他的做法，并告诉他随后还有一次机会。

5.多多练习

要不断创造实战练习的机会。第一天实施这个方案的时候，你至少要进行五次实战练习。练习得越多，孩子学到的就越多。千万不要因为孩子打断了你几次，你就心灰意冷、垂头丧气。只有多多练习，孩子才能控制自己的情绪。连续获得四五次（这是底线）成功之后，你可以将通话时间延长大约两分钟。多次成功后，再将时间延长，直至达到一个正常的通话时间。

有些家长可能会问：“话虽如此，但如果来电话时，孩子缠着我不让我接，我该怎么办呢？”答案很简单：当电话铃响起那一刻，就按照上面5步，马上提醒孩子先前定的规矩。

怎样让孩子在其他情形下不打岔？

只要灵活运用，就能将以上方法用于其他环境之中，解决其他情形下孩子打岔的问题。例如，教孩子不打断你和别人面对面的交谈。和模拟通话一样，你也可以用简短的对话练习，让孩子从中渐渐学会不打岔的好习惯。在你达到了足够次数之后，再渐渐地开始增加交谈的时间。

本章小结

孩子喜欢在你忙时捣乱，是因为在他们突然想到什么的时候，他们很难控制“一吐为快”的冲动。本章可以教你给孩子创造练习机会来抑制这种冲动。打电话是一种很好的试验方法：打电话前，一定要跟孩子定好规矩，并确保孩子明白遵守或违反规矩时分别有什么样的后果。接下来，你要打电话，并在每次通话之后执行相应的奖罚后果。多多练习就可以熟能生巧。练习得越多，成功的可能性也会越大。当孩子不再打断你通电话时，你再将这种方法用到其他情形上（例如，面对面的交谈）。

同先前一样，在进行下一章的内容之前，将这个方法至少练习两周。

检核单8

定规矩法则8：教孩子不打岔，可以用打电话做实验

孩子最常在家长通电话时打岔。选择一天，你可以腾出半小时至一小时的时间，开始实施以下的步骤。你需要每天反复实践，持续至少一至两周的时间。

步骤

1.告诉孩子一个规矩

- 实行方案第一天，在打第一个电话之前，向孩子阐明这些规则：在通话期间，他应该保持安静，不许打岔。
- 规则要明确而具体。不应该是“不要捣乱”，而是“在我打电话时不许打岔”。

2.告诉孩子遵守规矩会得到什么奖励

- 清楚、明确地告诉孩子遵守规矩应得的奖励。成功完成一次通话，奖给孩子一两个积点就会有很好的效果。

3.告诉孩子违反规矩会受到什么惩罚

- 孩子将得不到奖励。
- 孩子违反规矩，你也可扣除相应数量的积点。
- 在你开始之前，让孩子对你复述一遍规矩的内容、奖励和惩罚。

4.开始实践

- 事先告知一个朋友（尽量多找几个人），你会在接下来的一两周内每天给他（们）打几次电话，让孩子练习不打断你。模拟的通话当然也行。
- 设置初始电话时长。原则是：5岁以下的孩子大约两分钟；5岁以上则5分钟左右。

- 通话之前告诉孩子。提醒他你们先前约定的规矩和相应的后果。
- 如果孩子违反了规矩，打扰你的通话，你就告诉他已经没有奖励了，然后继续完成你的通话。
- 如果孩子闹人，立即进行面壁思过处罚。
- 如果孩子遵守规矩，一定要表扬他并立即给他奖励。

5.多多练习。

- 如果孩子仍不能遵守规矩，每隔15分钟左右练习一次。
- 如果孩子遵守规矩了，就在接下来几天内反复实践该方案，直至连续获得四五次成功。
- 接下来，增加约两分钟的时长，继续练习，直至又连续获得四五次成功；然后继续延长，直至达到正常的通话时长。

别人来电话了，怎么办?

大约经过两周，在大多数的呼出电话成功之后，开始将以上步骤应用于来电情形。

- 电话铃响起时，迅速提醒孩子规矩和相应的后果（积极后果和消极后果）。
- 接通电话，控制好时长，按以上5个步骤做。
- 参照呼出电话，反复练习；练习成功后，就适当延长通话时间。

第11章　定规矩法则9：先提醒后执行，叫孩子放下玩具很省心

这是本书介绍的最后一项定规矩法则。经过前几条法则的学习和实践，你可能已经学会了如何扩展“约法三章”的内容来应对孩子外出时闹人和打岔等问题。

“约法三章”如果实施恰当，不仅能让你成功化解一些日常问题，也能让你轻松解决一些育儿烦恼。通过始终如一地实施不同的奖罚后果，孩子渐渐就知道，表现好就有奖励，表现不好就会受罚。久而久之，这就成了激励孩子的一种方法，可以有效解决孩子的各种不当行为。

有时，孩子从一种活动（如玩玩具或看电视）过渡到另一种活动（如上床睡觉）的时候，就会闹人。看看下面的例子：

南希5岁了。她可是个令人头疼的孩子：关掉电视，饭前洗手，收拾玩具，这些事情她总是不能顺利搞定。她还有一张利嘴，谁要是不如她意了，她就发一顿臭脾气，开始撒泼。

这不，南希正在客厅看动画片。晚餐时间到了。同往常一样，爸爸早已料到南希不会乖乖关掉电视。爸爸走到客厅，说道：“南希，你得关掉电视了，要吃饭了。”

南希脱口而出：“不要！”

爸爸没作声，离开了客厅，开始摆桌子。过了几分钟，爸爸在厨房里叫道：“南希，快点儿关掉电视，我们要

吃饭了。”

“才不要，动画片还没看完呢！”

爸爸开始端菜了。他在厨房里冲着客厅喊道：“南希，马上来吃饭！”

南希不搭理。爸爸继续忍着情绪，将饭菜摆到桌子上。过了一会儿，爸爸又从餐厅里喊道：“南希，我不是说了吗，给我马上关掉电视！”

南希还是没有回答。爸爸按捺不住内心的气愤。他最清楚这个了，南希马上要开始哭啊闹呀踢啊。但爸爸还是又试了一次：“南希！”

“我不想吃，我不饿！”

爸爸这下可就真的大动肝火了。他知道，如果这会儿顺着南希，一小时之后，她就会吵着闹着要吃饭，而他就得把饭菜再热一次。爸爸心里闷着气，想：“唉，又这样了。”他气冲冲地走进客厅，对着南希大叫：“你给我马上关电视！听没听见我说话？”

“就不关！”

爸爸真拿她没办法了。再这样耗下去，饭菜都得凉了。他走了过去，一把抓住南希的胳膊，也不关电视，就直接把她拽出了沙发。南希大叫大嚷，眼泪噗噗地往下掉。她使劲儿扭着，想挣脱爸爸的手。终于，她挣脱了，一屁股坐到地板上，手脚不停地乱扑腾。爸爸无奈地想：“我早料到又会是这样！”

爸爸又猛地一下抓住了南希的手，把她拖进了餐厅，一把将她放在了椅子上。南希还在扑腾着。不料一不小心，撞着餐具了，餐具叮叮咣咣撞得七零八落。

爸爸一把将南希坐着的椅子往后一拖，开始怒吼道："你看看，你把这里弄得乱七八糟！你要不想吃饭，现在就去睡觉！"南希还在一个劲儿地哭着。爸爸就让她坐在那儿，任由她哭个不停。过了几分钟，他还是把南希的椅子推向餐桌，往她碗里盛了一些饭菜。南希一把将盘子推了出去。爸爸筋疲力尽，自言自语道："难怪我总是睡不好。什么时候我们才能好好地吃上一顿饭呢？"

孩子为什么不愿放下手头的玩具

为什么有的孩子很难从一项活动中抽身出来，投入另一项活动呢？有没有什么办法可以解决这个"疑难杂症"呢？和所有的问题行为一样，这个问题行为也是有众多促成因素的。了解了这些，解决问题就很容易了。

让我们详细分析上一例子中的一些细节。南希爸爸可以说是经常会碰到这个问题。当南希看电视正看得起劲儿时，如果让她去吃饭，她就会产生抗拒心理。这种事情对我们大人来说也很常见：假如你正在玩游戏，马上就要过关了，你的手机突然响了，你心里会想："啊，这一关我马上就过了！"不过，接着你就会迅速进行一番理性思考："这个电话可能非常重要，对方可能有急事找我。"经过几秒钟的理性分析，你就会选择一种恰当的行为方式。

而孩子终究是孩子，大部分孩子还不具备这种理性分析能力，所以，孩子在看动画片时被打断，他的第一反应当然就是："不，我还想看，太好看了！"那么，孩子的下一步行为只能依靠他的自制力了。自制力较强的孩子，可能会犹豫一下，然后意识到："哦，妈妈说该吃饭了，所以，虽然我还想看，也得吃饭去。"不过，对于自制力较差的孩子，他难以抑制内心的冲动，就表现出了抵触行为，你越想让他关电视，他闹得就越起劲。南希就属于这种类型，那她的爸爸妈妈应该怎么做呢？

准备阶段要冷静

南希的爸爸在叫南希吃饭前，就已经认为：南希不会轻易关电视。南希每拒绝一次，爸爸的怒气就会增添一分。由于爸爸越来越烦躁，南希也就越来越闹腾。最终，他们俩的情绪都失控了。本来，如果南希爸爸能控制自己，理智一点，那事情也不会恶化，南希受其影响，也不会大哭大闹。

当然，还有另一个促成因素：爸爸并没有按第1，2条法则中的方法来发布命令。因此，他说了也是白说。之后的每一次重复发令都让情况更糟，而爸爸也更生气。其实，**跟孩子说话时，最重要的一点就是：尽力保持冷静。**

6步计划要有序

那么，怎样才能让孩子乖乖按你说的去做呢？我们以第7条法则和第8条法则为基础，稍加调整，只用6步，你就能解决这个问题。

1.提前说出你的规矩

确定要让孩子怎么做之后，就按照法则1说出你的规矩。语言一定要明确、具体，例如："再过几分钟，我们就得吃饭了，那么，等我告诉你关电视时，你必须听话。"

这样，孩子就会提前做好准备，要他关电视时，他就不会猝不及防。对于自制力较差的孩子来说，这一点可以有效降低他的抵触情绪。

2.设置遵守规矩时应得的奖励

清楚、明确地告诉孩子遵守规矩会得到什么样的奖励。你可以按照之前"约法三章"中的方法，用积点或贴纸奖励孩子，如："当我让你关掉电视，你马上就关了，我就奖你两个积点。"因为孩子已经知道"好的行为能得到奖励"，那么，他就会努力获得奖励。对于3岁以下的孩子，你可以在他遵守规矩后立即给他一块糖果之类的物质奖励。当然，只有当孩子遵守了规矩，才能奖励他。

3.设置违反规矩时应受的惩罚

孩子有时偏不遵守规矩，该怎么办呢？第一，孩子将得不到奖励。这是违反规矩的一种自然后果。不过，有些时候，设置一些与奖励程度相对应的惩罚会更有用。比方说，如果孩子按你说的去做了，他可以得到两个积点；那如果他不按你说的去做，你就可以拿走他的两个积点。给孩子定好奖励和惩罚后，你可以让孩子复述一遍奖罚内容，这样会增加孩子遵守规矩的可能性。

4.多多提醒孩子

在叫孩子去做另一件事时（如：让孩子放下小人书，去吃饭），要事先提醒一下孩子。有了心理准备，孩子才最不会抵触。

提醒孩子时，你可以用“三铃法”。它类似于剧院里的预备铃：一声铃响表示观众要准备进入剧场，二声铃响表示表演即将开始，三声铃响说明表演开始了。这种方法在家里也能用。一次“铃声”：家长告诉孩子要怎么做；二次“铃声”：提醒孩子要停止玩耍；三次“铃声”：表示孩子要去做另一件事。二次铃声与三次铃声之间间隔一两分钟即可。

对于那些能认时间的孩子，你可以让他看着钟表，告诉他要做另一件事的具体时间（比如五分钟之后）。两三分钟之后进行第二次提醒。对于太小的孩子而言，他们还没有足够的时间意识，因此，如果孩子正在看动画片，你可以这么说：“开始演广告的时候，你就必须关掉电视。”你也可以用定时器，设置五分钟，并放在孩子能看到的地方。两分半的时候，你要过来给孩子一次提醒（即二次“铃声”）。计时器报时，即为三次“铃声”，孩子就要立刻按你说的去做。

5.严格执行既定方案

时间到了时，要坚决、冷静地执行既定方案。不用再给更多的提醒，不管孩子有什么反应，都要立即让他停止玩耍。如果孩子乖乖去做了你要他做的事，你就要给他奖励和表扬；如果孩子不按你的要求做，那你就要禁止他继续当前的活动（立即关掉电视或电子游戏机，或没收玩具），并告诉孩子他该受什么样的惩罚。

如果孩子开始发脾气，你可以马上让他面壁思过（见定规矩法则3）。也就是说，你要随时应对孩子的各种反应。不方便进行处罚（比如，你马上要出门了）的话，那就帮孩子放下手头的活动，直到他不再哭闹。一旦时机成熟，要立刻兑现你所说的后果。

6.付诸实践

每个育儿方法都需要你不断实践，并创造机会让孩子适应这种新方法。刚开始时，你可能需要每天练好几遍。等孩子渐渐习惯了这个方法，更能理性控制自己的行为时，你就可以省心了。运用这个方法的时间越长，孩子的转变就越大。

本章小结

正在玩耍的孩子突然被叫去做另一件事时，往往会发脾气、闹人，这主要是因为他们不愿停止当前的行为。这时，家长应该适当地提醒孩子，这样，孩子就能为即将发生的事情做好准备。如果孩子有时间概念，那你也可以给孩子设定时间。然后，告诉孩子奖励和惩罚，并让孩子去做你说的事。最后，执行合理的奖罚后果。

检核单9

定规矩法则9：先提醒后执行，叫孩子放下玩具很省心

孩子在玩耍时，通常不愿被打断，他要么想方设法继续当前的活动，要么变得狂躁不安，开始发脾气。针对这个问题，家长可以用6步来解决。

1.提前说出你的规矩

- 叫孩子做另一件事时，先提前五分钟告诉他，你会在什么时间让他做什么事。

2.设置遵守规矩时应得的奖励

- 告诉他，如果按要求做了另一件事，他会得到什么奖励。

3.设置违反规矩时应受的惩罚

- 孩子没有按要求做另一件事时，你要实施什么样的惩罚。

4.多多提醒孩子

- 在做另一件事之前的两分钟，给予“三次铃”提醒。

5.严格执行既定方案

- 采用注意力提示（如“请看着我”）；
- 发布命令，并提醒孩子按要求做会得到什么样的奖励；
- 发布命令之后，看着孩子15秒钟左右；
- 如果孩子在你第一次发令后就听从了，马上给他奖励和表扬；如果不服从，就执行相应的惩罚，然后重复你的命令。

6.付诸实践

- 经常实践，才能改变。

第12章　全家齐心协力教孩子，定规矩变得很容易

进行到这一章时，你可以明显看到孩子行为的改善，同时也说明你已经有了很大的毅力和耐心。这非常了不起，它对孩子的成长也非常重要。

教育方法要有持续性

持之以恒地运用一种方法，需要付出很多努力，也需要花费大量时间。很多家长会问道："这些方法，我要坚持使用多久呢？"答案是：依据情况而定。

定规矩法则1，2：可永久使用，注意不要起冲突

第1，2条法则属于可永久使用的育儿方法。这两条法则应该成为你的一个新习惯。我建议你时常温习、使用这两条法则的检核单。即使孩子长大了，它们也能帮你更客观、更理性地引导孩子的成长。

孩子到青春期时，叛逆心理会增强，因此，第1条法则的"站在旁边等结果"这一步也要做出相应调整。青春期的孩子如果被家长盯着，往往会狠狠地盯回去，想在这场斗争中与你一决高下。所以，你这时只要保持眼神交流（或者至少确保你引起了孩子的注意力），然后提出明确、具体的要求就行了。不必直直地盯着他，只要待在旁边，就可以让他明白，"溜之大吉"是不可能的，你会继续和他"周旋"到底，直到他乖乖听话。

至于第2条法则，只要没有大的改变就行。过多的重复是起不了作用的，对青春期的孩子来说，尤其要注意这一点，否则会让孩子觉得你很啰唆，从而更有抵触心理。

定规矩法则3：永久有效，注意引导孩子独自平复情绪。

许多家长反映，当他们继续运用本书中的方法时，孩子的行为就更温和，发脾气的次数也更少了。这很自然，因为你现在无论是说话方式还是奖罚措施，都更清楚、更具体了，孩子对外界的预期也更有规律了。

事先做好准备，是轻松育儿的先决条件。如果孩子很懂事，你已经很少用到面壁思过处罚，那么，你可以尽量引导孩子，让他在生气时学会独处一会儿以平复心情。可能的话，你可以陪他一起待到他平静下来。这样做的时候，一定要明确告诉孩子，他并不是在受罚，他可以随时出来和你说说话。这样，孩子才不会消极看待这种教育方式，而是会积极配合。

定规矩法则4，5，6：适当更新，不断扩展内容。

“约法三章”这条法则能用多久呢？通常，很多家长在孩子的不当行为大幅减少时，就会丢掉这条法则。但这并不可取，原因在于：在大多数情况下，中断了“约法三章”，孩子的不当行为不仅会“旧病复发”，而且会“变本加厉”。久而久之，问题可能会非常严重。所以，对年幼的孩子，以及易冲动的孩子来说，家长最好能持之以恒地实施“约法三章”。

随着定规矩法则的使用，可能孩子的大部分问题行为都解决了，但还有一两个小问题（如：不按时完成家庭作业）。这种情况下，你可以采用“一对一”的兑换方式：完成了作业，孩子即可获得某项特权（如：当天可以玩电脑）。这种方法对青春期的孩子而言，效果也特别明显。

“约法三章”不仅对孩子在家的表现有纠正作用，对孩子的在校表现也有引导作用。有些孩子在学校会表现出各种各样的问题；小一些的孩子可能会在教室里随意走动，大声喧哗，动手打其他孩子；大一些的孩子可能会跟老师顶嘴，不按老师的要求做。而“约法三章”天生就是此类问题的“克星”。

你可以和老师建立联系，并请老师协助你完成“约法三章”的实施。首先，针对孩子的具体问题制定一份“约法三章”。其次，请老师为孩子每天的表现（包括作业情况、课堂表现等）打分，最低1分（最差），最高3分（最好）。对四五岁的孩子来说，你可以采用“表情法”，表现优秀的话，让老师画一个笑脸☺；表现合格，画一个无表情的脸😐；表现很糟糕，则画一个苦脸☹。

每天放学后，只有当孩子将学校的日常表现给你过目后，他才能看电视（或拥有其他特权）。如果孩子把这份联系表弄丢了，那就要按不合格处理，并剥夺孩子相应的特权。这种方法灵活多变，可以根据不同的问题作出不同的调整，并且能够一直伴随孩子进入青春期。等孩子更大一些的时候，你可以将拜访朋友、使用手机，甚至是开汽车等作为特权列在“约法三章”中。

定规矩法则7，8，9：因人制宜最管用。

第7，8条法则可以按照实际情况使用，它们旨在帮孩子增强自控能力。如果你在孩子小的时候就用这两条法则，那他长大以后也会很受益。

第9条法则可永久使用。在让孩子终止手头的活动去做另一件事时，这条法则可以使孩子做好充分的心理准备。即使孩子进入了青春期，这一法则也有很大作用。例如，15岁的孩子每次在你叫他做家务时，总要跟你闹上一通，那么你可以用第9条法则，并设置对他有用的奖励和惩罚，这样就能在最大程度上减少这些问题的发生，还可以培养孩子的承受力，这对孩子的成长至关重要。

家人共同育儿，孩子对规矩更不会抵触

家人越多，育儿的阻力就越大，因为孩子的七大姑八大姨、爷爷奶奶，都可能会对你的育儿方法提出意见。特别是老一辈的人，他们更会发表育儿的一些经验之谈，也常常会用他们那个年代的标准来教育你的孩子。这很常见，但也不容忽视。几十年前的育儿方法不一定适合现今的社会，毕竟价值观、舆论环境等都发生了很大变化。

如果你是请人帮忙照看孩子，那么你就要努力保证“约法三章”的持续性。具体方法类似于前文讲的“学校联系法”：孩子被其他人照看时，你可以选择一两种希望孩子完成的任务；等你回家之后，再根据你先前制定的规矩，从照看人那里获得一份关于孩子行为的简要报告；然后根据你设定的后果，对孩子进行恰当的奖罚。这样，不管是谁照看孩子，你都可以在事后执行合理的后果，以提升孩子的自我约束力，这样孩子更容易遵守规矩。

《图解儿童逆反心理》

专治各种“我偏不！”

国际亲子心理专家 全球家庭教育宝典

（适合年龄段：3 ~ 9岁）

让他做什么，他偏不做——

孩子有逆反行为，其实是因为他觉得你不理解他。

准确解读孩子的逆反行为，化解他心中的小小反抗。

翻开本书，一眼看透孩子逆反行为背后的真实心理。你越理解孩子的心理，孩子就越能理解你的要求，从而更配合你！

《不批评才能培养出自觉主动的孩子》

以表扬为基础的教育，才能从根本上改变孩子的行为！

◆以“表扬”为基础的教育，才能从根本上改变孩子的行为！

◆日本国民级奇迹教育法！上市仅2年，创造销量奇迹！

◆越表扬，孩子越自信、越积极！越批评，孩子越自卑、越叛逆！

◆育儿的理想目标，不是培养服从指令的孩子，也不是培养为了得到奖励才肯去做的孩子，而是要通过强化孩子的内部动机，培养出“自觉主动的孩子”。

◆一受到批评，孩子就乱发脾气、又哭又闹；再三纠正，他还是不长记性，下次仍然犯同样的错误……孩子的所有行为问题，其实都与您的处理方式密切相关！